La esencia de la cocina italiana

Secretos de sabores tradicionales

Marco Di Giovanni

TABLA DE CONTENIDO

Pierna de cordero asada con patatas, ajo y romero 10

Pierna de Cordero con Limón, Hierbas y Ajo 12

Calabacines Rellenos De Cordero Estofado 14

Conejo al Vino Blanco y Hierbas 16

Conejo con Aceitunas 19

Conejo, Estilo Porchetta 21

Conejo con Tomates 24

Conejo Estofado Agridulce 26

Conejo Asado Con Patatas 29

Alcachofas Marinadas 31

Alcachofas a la Romana 33

Alcachofas Estofadas 35

Alcachofas a la Judía 37

Guiso de verduras primavera romana 39

Corazones De Alcachofa Crujientes 41

Alcachofas rellenas 43

Alcachofas Rellenas a la Siciliana 45

Espárragos "A La Sartén" 48

Espárragos con Aceite y Vinagre 50

Espárragos con Mantequilla de Limón 52

Espárragos Con Varias Salsas 54

Espárragos Con Aderezo De Huevo Y Alcaparras 56

Espárragos con Parmesano y Mantequilla 58

Paquetes de espárragos y prosciutto 60

Espárragos Asados 62

Espárragos en Zabaglione 64

Espárragos con Taleggio y Piñones 66

Timbales de espárragos 68

Frijoles Campestres 70

Frijoles toscanos 72

Ensalada De Frijoles 75

frijoles y repollo 77

Frijoles En Salsa De Tomate Y Salvia 79

Guiso de garbanzos 81

Habas con verduras amargas 83

Habas Frescas, Estilo Romano 85

Habas frescas al estilo de Umbría 87

Brócoli con Aceite y Limón 89

Brócoli, Estilo Parma 91

Rabe de brócoli con ajo y pimiento picante 93

brócoli con prosciutto 95

Bocaditos de pan con brócoli Rabe 97

Rabe de brócoli con panceta y tomates ... 99

Tortitas De Vegetales ... 101

Coliflor Frita ... 103

puré de coliflor ... 106

Coliflor Asado ... 108

Coliflor Asfixiada ... 110

Coliflor Con Perejil Y Cebolla ... 112

coliflor en salsa de tomate ... 114

Torta De Coliflor ... 116

Coles De Bruselas Con Mantequilla ... 118

Calabacín Relleno De Atún ... 120

Calabacín frito ... 123

Flanes De Calabacín ... 125

Calabaza de invierno agridulce ... 128

Vegetales asados ... 131

Verduras de raíz de invierno asadas ... 134

Guiso de verduras de verano ... 136

Cazuela De Verduras En Capas ... 139

Pan Casero ... 144

Pan de Hierbas ... 147

Pan de Queso Estilo Marches ... 150

Rollitos De Maíz Dorado ... 153

- Pan de Aceitunas Negras ... 156
- Pan Stromboli ... 159
- Pan de Queso con Nueces ... 162
- Rollos De Tomate ... 165
- Brioche Campestre ... 168
- Pan de papel con música sarda ... 171
- Pan plano de cebolla roja ... 174
- Pan plano de vino blanco ... 177
- Pan plano de tomates secados al sol ... 180
- Pan plano de patata romana ... 183
- Panes a la Plancha de Emilia-Romaña ... 186
- palitos de pan ... 189
- Anillos de hinojo ... 192
- Aros De Almendra Y Pimienta Negra ... 195
- Pizza casera ... 198
- Masa de pizza al estilo napolitano ... 202
- Pizza de mozzarella, tomate y albahaca ... 205
- Pizza de tomate, ajo y orégano ... 207
- Pizza con Champiñones Silvestres ... 209
- Calzoni ... 212
- Buñuelos De Anchoa ... 216

Pierna de cordero asada con patatas, ajo y romero

Agnello al Forno

Hace 6 porciones

Los italianos servirían este cordero bien cocido, pero creo que sabe mejor cuando está medio cocido, que es alrededor de 130 °F en un termómetro de lectura instantánea. Deje que el cordero descanse después de asarlo para que los jugos tengan la oportunidad de retirarse al centro de la carne.

6 papas para todo uso, peladas y cortadas en trozos de 1 pulgada

3 cucharadas de aceite de oliva

Sal y pimienta negra recién molida

1 pierna de cordero con hueso, recortada (alrededor de 5 1/2 libras)

6 dientes de ajo, finamente picados

2 cucharadas de romero fresco picado

1. Coloque una rejilla en el medio del horno. Precaliente el horno a 350°F. Coloque las papas en una asadera lo suficientemente

grande como para contener la carne y las papas sin que se amontonen. Mezcle con el aceite y sal y pimienta al gusto.

2. Haga cortes poco profundos en todo el cordero con un cuchillo pequeño. Introducir un poco de ajo y romero en los cortes, reservando un poco para las patatas. Espolvorea la carne generosamente con sal y pimienta. Empuje las papas a un lado y agregue la carne con la grasa hacia arriba.

3. Coloque la fuente en el horno y cocine 30 minutos. Voltee las papas. Ase de 30 a 45 minutos más o hasta que la temperatura interna alcance los 130 °F en un termómetro de lectura instantánea colocado en la parte más gruesa de la carne, lejos del hueso. Retire la sartén del horno y transfiera el cordero a una tabla de cortar. Cubre la carne con papel aluminio. Dejar reposar al menos 15 minutos antes de rebanar.

4. Pruebe las papas para saber si están listas perforándolas con un cuchillo afilado. Si necesitan más cocción, encienda el horno a 400 °F, vuelva a colocar la bandeja en el horno y cocine hasta que estén tiernos.

5. Trocear el cordero y servir caliente con las patatas.

Pierna de Cordero con Limón, Hierbas y Ajo

Agnello Steccato

Hace 6 porciones

Albahaca, menta, ajo y limón perfuman este cordero asado. Una vez que está en el horno, no hay mucho más que hacer. Es el plato perfecto para una cena pequeña o una cena de domingo. Agregue algunas papas, zanahorias, nabos u otros tubérculos a la asadera, si lo desea.

1 pierna de cordero con punta de pierna, bien recortada (alrededor de 3 libras)

2 dientes de ajo

2 cucharadas de albahaca fresca picada

1 cucharada de menta fresca picada

1/4 taza de Pecorino Romano o Parmigiano-Reggiano recién rallado

1 cucharadita de ralladura de limón

1/2 cucharadita de orégano seco

Sal y pimienta negra recién molida

2 cucharadas de aceite de oliva

1. Coloque una rejilla en el centro del horno. Precaliente el horno a 425°F.

2. Picar muy finamente el ajo, la albahaca y la menta. En un tazón pequeño, revuelve la mezcla junto con el queso, la ralladura de limón y el orégano. Agregue 1 cucharadita de sal y pimienta recién molida al gusto. Con un cuchillo pequeño, haz cortes de aproximadamente 3/4 de pulgada de profundidad en toda la carne. Rellene un poco de la mezcla de hierbas en cada ranura. Frote el aceite por toda la carne. Asar durante 15 minutos.

3. Baje la temperatura a 350°F. Ase 1 hora más o hasta que la carne esté medianamente cocida y la temperatura interna alcance los 130 °F en un termómetro de lectura instantánea colocado en la parte más gruesa pero sin tocar el hueso.

4. Retire el cordero del horno y transfiéralo a una tabla de cortar. Cubrir el cordero con papel aluminio y dejar reposar 15 minutos antes de cortarlo. Servir caliente.

Calabacines Rellenos De Cordero Estofado

Calabacín maduro

Hace 6 porciones

Una pierna de cordero alimenta a una multitud, pero después de una pequeña cena, a menudo tengo sobras. Ahí es cuando hago estos sabrosos calabacines rellenos. Se pueden sustituir otros tipos de carne cocida o incluso aves.

2 a 3 (1/2 pulgada de grosor) rebanadas de pan italiano

1/4 taza de leche

1 libra de cordero cocido

2 huevos grandes

2 cucharadas de perejil de hoja plana fresco picado

2 dientes de ajo, finamente picados

1/2 taza de Pecorino Romano o Parmigiano-Reggiano recién rallado

Sal y pimienta negra recién molida

6 calabacines medianos, lavados y cortados

2 tazas de salsa de tomate, como Salsa marinara

1. Coloque una rejilla en el centro del horno. Precaliente el horno a 425°F. Engrase un molde para hornear de 13 × 9 × 2 pulgadas.

2. Retire la corteza del pan y corte el pan en pedazos. (Debe tener aproximadamente 1 taza). Coloque las piezas en un tazón mediano, vierta la leche y deje en remojo.

3. En un procesador de alimentos, picar la carne muy fina. Transferir a un tazón grande. Agregue los huevos, el perejil, el ajo, el pan remojado, 1/4 taza de queso y sal y pimienta al gusto. Mezclar bien.

4. Cortar los calabacines por la mitad a lo largo. Saque las semillas. Rellenar los calabacines con la mezcla de carne. Coloque los calabacines uno al lado del otro en la sartén. Vierta la salsa y espolvoree con el queso restante.

5. Hornee de 35 a 40 minutos o hasta que el relleno esté bien cocido y las calabacitas estén tiernas. Servir caliente oa temperatura ambiente.

Conejo al Vino Blanco y Hierbas

Coniglio al Vino Blanco

Hace 4 porciones

Esta es una receta básica de conejo de Liguria que se puede variar añadiendo aceitunas negras o verdes u otras hierbas. Los cocineros de esta región preparan el conejo de muchas maneras diferentes, incluso con piñones, champiñones o alcachofas.

1 conejo (21/2 a 3 libras), cortado en 8 piezas

Sal y pimienta negra recién molida

3 cucharadas de aceite de oliva

1 cebolla pequeña, finamente picada

1/2 taza de zanahoria finamente picada

1/2 taza de apio finamente picado

1 cucharada de hojas de romero fresco picadas

1 cucharadita de tomillo fresco picado

1 hoja de laurel

½ taza de vino blanco seco

1 taza de caldo de pollo

1. Enjuague los trozos de conejo y séquelos con toallas de papel. Espolvorear con sal y pimienta.

2. En una sartén grande, caliente el aceite a fuego medio. Añadir el conejo y dorar ligeramente por todos lados, unos 15 minutos.

3. Esparza la cebolla, la zanahoria, el apio y las hierbas alrededor de los trozos de conejo y cocine hasta que la cebolla se ablande, unos 5 minutos.

4. Agregue el vino y llévelo a fuego lento. Cocine hasta que la mayor parte del líquido se evapore, aproximadamente 2 minutos. Agregue el caldo y llévelo a fuego lento. Reduce el calor al mínimo. Tape la cacerola y cocine, volteando el conejo de vez en cuando con unas pinzas, hasta que esté tierno al pincharlo con un tenedor, unos 30 minutos.

5. Transfiere el conejo a una fuente para servir. Cubrir y mantener caliente. Aumente el fuego y hierva el contenido de la sartén hasta que se reduzca y tenga una consistencia de jarabe, aproximadamente 2 minutos. Deseche la hoja de laurel.

6. Verter el contenido de la sartén sobre el conejo y servir inmediatamente.

Conejo con Aceitunas

Coniglio alla Stimperata

Hace 4 porciones

Pimiento rojo, aceitunas verdes y alcaparras dan sabor a este plato de conejo al estilo siciliano. El término alla stimperata se da a varias recetas sicilianas, aunque su significado no está claro. Puede provenir de stemperare, que significa "disolver, diluir o mezclar" y se refiere a la adición de agua a la olla mientras se cocina el conejo.

1 conejo (2 1/2 a 3 libras), cortado en 8 piezas

1/4 taza de aceite de oliva

3 dientes de ajo, picados

1 taza de aceitunas verdes sin hueso, enjuagadas y escurridas

2 pimientos rojos, cortados en tiras finas

1 cucharada de alcaparras, enjuagadas

pizca de orégano

Sal y pimienta negra recién molida

2 cucharadas de vinagre de vino blanco

½ taza de agua

1. Enjuague los trozos de conejo y séquelos con toallas de papel.

2. En una sartén grande, caliente el aceite a fuego medio. Añadir el conejo y dorar bien las piezas por todos lados, unos 15 minutos. Pasar los trozos de conejo a un plato.

3. Agregue el ajo a la sartén y cocine 1 minuto. Agregue las aceitunas, la pimienta, las alcaparras y el orégano. Cocine, revolviendo durante 2 minutos.

4. Regrese el conejo a la sartén. Sazone con sal y pimienta al gusto. Agregue el vinagre y el agua y lleve a fuego lento. Reduce el calor al mínimo. Tape y cocine, volteando el conejo de vez en cuando, hasta que el conejo esté tierno al pincharlo con un tenedor, unos 30 minutos. Agregue un poco de agua si el líquido se evapora. Transferir a una fuente de servir y servir caliente.

Conejo, Estilo Porchetta

Coniglio en Porchetta

Hace 4 porciones

La combinación de condimentos que se usa para hacer el cerdo asado es tan deliciosa que los cocineros la han adaptado a otras carnes que son más cómodas de cocinar. El hinojo silvestre se usa en la región de Marches, pero se puede sustituir por semillas de hinojo secas.

1 conejo (2 1/2 a 3 libras), cortado en 8 piezas

Sal y pimienta negra recién molida

2 cucharadas de aceite de oliva

2 onzas de panceta

3 dientes de ajo, finamente picados

2 cucharadas de romero fresco picado

1 cucharada de semillas de hinojo

2 o 3 hojas de salvia

1 hoja de laurel

1 taza de vino blanco seco

½ taza de agua

1. Enjuague las piezas de conejo y séquelas con toallas de papel. Espolvorear con sal y pimienta.

2. En una sartén lo suficientemente grande como para contener los trozos de conejo en una sola capa, caliente el aceite a fuego medio. Coloque las piezas en la sartén. Esparce la panceta por todos lados. Cocine hasta que el conejo esté dorado por un lado, aproximadamente 8 minutos.

3. Dar la vuelta al conejo y esparcir por todos lados el ajo, el romero, el hinojo, la salvia y el laurel. Cuando el conejo esté dorado por el otro lado, pasados unos 7 minutos, añadimos el vino y removemos, raspando el fondo de la sartén. Cocine a fuego lento el vino durante 1 minuto.

4. Cocine sin tapar, volteando la carne de vez en cuando, hasta que el conejo esté muy tierno y se desprenda del hueso, unos 30 minutos. (Agregue un poco de agua si la sartén se seca demasiado).

5. Deseche la hoja de laurel. Transfiera el conejo a una fuente de servir y sirva caliente con los jugos de la sartén.

Conejo con Tomates

Coniglio alla Ciociara

Hace 4 porciones

En la región de Ciociara, en las afueras de Roma, conocida por su deliciosa cocina, el conejo se estofa en salsa de tomate y vino blanco.

1 conejo (21/2 a 3 libras), cortado en 8 piezas

2 cucharadas de aceite de oliva

2 onzas de panceta, en rodajas gruesas y picadas

2 cucharadas de perejil de hoja plana fresco picado

1 diente de ajo, ligeramente machacado

Sal y pimienta negra recién molida

1 taza de vino blanco seco

2 tazas de tomates ciruela pelados, sin semillas y picados

1. Enjuague las piezas de conejo, luego séquelas con toallas de papel. Caliente el aceite en una sartén grande a fuego medio. Coloque el conejo en la sartén, luego agregue la panceta, el

perejil y el ajo. Cocine hasta que el conejo esté bien dorado por todos lados, unos 15 minutos. Espolvorear con sal y pimienta.

2.Retire el ajo de la sartén y deséchelo. Agregue el vino y cocine a fuego lento durante 1 minuto.

3.Reduce el calor al mínimo. Agregue los tomates, luego cocine hasta que el conejo esté tierno y se despegue del hueso, aproximadamente 30 minutos.

4.Pasar el conejo a una fuente y servir caliente con la salsa.

Conejo Estofado Agridulce

Coniglio en Agrodolce

Hace 4 porciones

Los sicilianos son conocidos por su gusto por lo dulce, un legado de la dominación árabe de la isla que duró al menos doscientos años. Las pasas, el azúcar y el vinagre le dan a este conejo un sabor ligeramente agridulce.

1 conejo (21/2 a 3 libras), cortado en 8 piezas

2 cucharadas de aceite de oliva

2 onzas de panceta en rodajas gruesas, picadas

1 cebolla mediana, finamente picada

Sal y pimienta negra recién molida

1 taza de vino blanco seco

2 dientes enteros

1 hoja de laurel

1 taza de caldo de res o pollo

1 cucharada de azúcar

¼ taza de vinagre de vino blanco

2 cucharadas de pasas

2 cucharadas de piñones

2 cucharadas de perejil de hoja plana fresco picado

1. Enjuague las piezas de conejo, luego séquelas con toallas de papel. En una sartén grande, caliente el aceite y la panceta a fuego medio durante 5 minutos. Agregue el conejo y cocine por un lado hasta que se dore, aproximadamente 8 minutos. Dar la vuelta a los trozos de conejo con unas pinzas y esparcir la cebolla por todos lados. Espolvorear con sal y pimienta.

2. Agregue el vino, los clavos y la hoja de laurel. Lleve el líquido a fuego lento y cocine hasta que la mayor parte del vino se haya evaporado, aproximadamente 2 minutos. Agregar el caldo y tapar la cacerola. Reduzca el fuego a bajo y cocine hasta que el conejo esté tierno, de 30 a 45 minutos.

3. Pasar los trozos de conejo a un plato. (Si queda mucho líquido, hierva a fuego alto hasta que se reduzca). Agregue el azúcar, el vinagre, las pasas y los piñones. Revuelva hasta que el azúcar se disuelva, aproximadamente 1 minuto.

4. Regrese el conejo a la sartén y cocine, volteando las piezas en la salsa, hasta que parezcan estar bien cubiertas, aproximadamente 5 minutos. Agregue el perejil y sirva caliente con los jugos de la sartén.

Conejo Asado Con Patatas

Coniglio Arrosto

Hace 4 porciones

En la casa de mi amiga Dora Marzovilla, una cena dominical o una comida para una ocasión especial a menudo comienza con una variedad de verduras tiernas y crujientes fritas, como corazones de alcachofa o espárragos, seguido de cuencos humeantes de orecchiette o cavatelli caseros mezclados con un delicioso ragú hecho con diminutos albóndigas. Dora, que viene de Rutigliano en Puglia, es una cocinera maravillosa, y este plato de conejo, que sirve como plato principal, es una de sus especialidades.

1 conejo (2 1/2 a 3 libras), cortado en 8 piezas

1/4 taza de aceite de oliva

1 cebolla mediana, finamente picada

2 cucharadas de perejil de hoja plana fresco picado

1/2 taza seco con vino

Sal y pimienta negra recién molida

4 papas medianas para todo uso, peladas y cortadas en gajos de 1 pulgada

½ taza de agua

½ cucharadita de orégano

1. Enjuague los trozos de conejo y séquelos con toallas de papel. En una sartén grande, caliente dos cucharadas de aceite a fuego medio. Añadir el conejo, la cebolla y el perejil. Cocine, volteando las piezas de vez en cuando, hasta que estén ligeramente doradas, unos 15 minutos. Agregue el vino y cocine 5 minutos más. Espolvorear con sal y pimienta.

2. Coloque una rejilla en el centro del horno. Precaliente el horno a 425°F. Engrase una asadera lo suficientemente grande como para contener todos los ingredientes en una sola capa.

3. Esparce las papas en la sartén y revuélvelas con las 2 cucharadas de aceite restantes. Agregue el contenido de la sartén a la sartén, metiendo los trozos de conejo alrededor de las papas. Agrega el agua. Espolvorear con orégano y sal y pimienta. Cubra la sartén con papel de aluminio. Asado 30 minutos. Destape y cocine 20 minutos más o hasta que las papas estén tiernas.

4. Transferir a un plato de servir. Servir caliente.

Alcachofas Marinadas

carciofi marinati

Rinde de 6 a 8 porciones

Estas alcachofas son excelentes en ensaladas, con fiambres o como parte de un surtido de antipasto. Las alcachofas durarán al menos dos semanas en el frigorífico.

Si no hay alcachofas pequeñas disponibles, sustitúyalas por alcachofas medianas, córtelas en ocho gajos.

1 taza de vinagre de vino blanco

2 tazas de agua

1 hoja de laurel

1 diente de ajo entero

8 a 12 alcachofas pequeñas, cortadas y cortadas en cuartos (verPara preparar alcachofas enteras)

Una pizca de pimiento rojo triturado

Sal

Aceite de oliva virgen extra

1. En una cacerola grande, combine el vinagre, el agua, la hoja de laurel y el ajo. Lleve el líquido a fuego lento.

2. Agregue las alcachofas, el pimiento rojo triturado y sal al gusto. Cocine hasta que estén tiernos cuando se perfore con un cuchillo, de 7 a 10 minutos. Retire del fuego. Vierta el contenido de la sartén a través de un colador de malla fina en un tazón. Reserva el líquido.

3. Envasar las alcachofas en tarros de cristal esterilizados. Vierta el líquido de cocción hasta cubrir. Dejar enfriar por completo. Cubra y refrigere por lo menos 24 horas o hasta 2 semanas.

4. Para servir, escurra las alcachofas y revuélvalas con aceite.

Alcachofas a la Romana

Carciofi alla Romana

Hace 8 porciones

Las pequeñas granjas de toda Roma producen montones de alcachofas frescas durante las temporadas de alcachofas de primavera y otoño. Pequeños camiones los llevan a los mercados de las esquinas, donde se venden directamente en la parte trasera del camión. Las alcachofas tienen tallos largos y hojas aún adheridas, porque los tallos, una vez pelados, son buenos para comer. Los romanos cocinan las alcachofas con el tallo hacia arriba. Se ven muy atractivos cuando se colocan en un plato para servir.

2 dientes de ajo grandes, finamente picados

2 cucharadas de perejil de hoja plana fresco picado

1 cucharada de menta fresca picada o 1/2 cucharadita de mejorana seca

Sal y pimienta negra recién molida

1/4 taza de aceite de oliva

8 alcachofas medianas, preparadas para rellenar (verPara preparar alcachofas enteras)

½ taza de vino blanco seco

1. En un tazón pequeño, mezcle el ajo, el perejil y la menta o la mejorana. Añadir sal y pimienta al gusto. Agregue 1 cucharada de aceite.

2. Extienda suavemente las hojas de las alcachofas y empuje un poco de la mezcla de ajo hacia el centro. Exprimiendo ligeramente las alcachofas para que aguanten el relleno, colóquelas con el tallo hacia arriba en una fuente lo suficientemente grande como para mantenerlas en posición vertical. Vierta el vino alrededor de las alcachofas. Agregue agua a una profundidad de 3/4 de pulgada. Rocíe las alcachofas con el aceite restante.

3. Cubra la cacerola y lleve el líquido a fuego lento a fuego medio. Cocine 45 minutos o hasta que las alcachofas estén tiernas al pincharlas con un cuchillo. Servir caliente oa temperatura ambiente.

Alcachofas Estofadas

Carciofi Stufati

Hace 8 porciones

Las alcachofas son miembros de la familia de los cardos y crecen en plantas bajas y tupidas. Se encuentran silvestres en muchos lugares del sur de Italia, y muchas personas las cultivan en sus huertos familiares. Una alcachofa es en realidad una flor sin abrir. Las alcachofas muy grandes crecen en la parte superior del arbusto, mientras que las pequeñas brotan cerca de la base. Las alcachofas pequeñas, a menudo llamadas alcachofas pequeñas, son excelentes para estofar. Prepárelos para cocinar como lo haría con una alcachofa más grande. Su sabor y textura dulce a mantequilla es especialmente bueno con el pescado.

1 cebolla pequeña, finamente picada

¼ taza de aceite de oliva

1 diente de ajo, finamente picado

2 cucharadas de perejil de hoja plana fresco picado

2 libras bebealcachofas, recortado y cortado en cuartos

½ taza de agua

Sal y pimienta negra recién molida

1. En una cacerola grande, cocine la cebolla en el aceite a fuego medio hasta que esté tierna, aproximadamente 10 minutos. Agregue el ajo y el perejil.

2. Coloque las alcachofas en la sartén y revuelva bien. Añadir el agua y sal y pimienta al gusto. Tape y cocine a fuego lento hasta que las alcachofas estén tiernas al pincharlas con un cuchillo, unos 15 minutos. Servir tibio o a temperatura ambiente.

Variación: En el Paso 2, agregue 3 papas medianas, peladas y cortadas en cubos de 1 pulgada, con la cebolla.

Alcachofas a la Judía

Carciofi alla Giudia

Hace 4 porciones

Los judíos llegaron por primera vez a Roma en el siglo I a. C. Se establecieron cerca del río Tíber y en 1556 fueron confinados en un gueto amurallado por el Papa Pablo IV. Muchos eran pobres y se las arreglaban con cualquier alimento simple y económico que estuviera disponible, como bacalao salado, calabacín y alcachofas. Cuando se derrumbaron los muros del gueto a mediados del siglo XIX, los judíos de Roma habían desarrollado su propio estilo de cocina, que luego se puso de moda entre otros romanos. Hoy en día, los platos judíos como las flores de calabacín rellenas fritas, Ñoquis de sémola, y estas alcachofas se consideran clásicos romanos.

El Barrio Judío de Roma todavía existe, y hay varios buenos restaurantes donde puedes probar este estilo de cocina. En Piperno y Da Giggetto, dos trattorias favoritas, estas alcachofas fritas se sirven calientes con mucha sal. Las hojas son tan crujientes como papas fritas. Las alcachofas salpican mientras se cocinan, así que aléjate de la estufa y protege tus manos.

4 medianosalcachofas, preparado como para relleno

Aceite de oliva

Sal

1. Seque las alcachofas. Coloque una alcachofa con la parte inferior hacia arriba sobre una superficie plana. Con la palma de la mano, presione la alcachofa hacia abajo para aplanarla y abrir las hojas. Repita con las alcachofas restantes. Gírelos para que las puntas de las hojas queden hacia arriba.

2. En una sartén grande y profunda o una cacerola ancha y pesada, caliente aproximadamente 2 pulgadas del aceite de oliva a fuego medio hasta que una hoja de alcachofa se deslice en el aceite chisporrotee y se dore rápidamente. Protégete la mano con un guante para horno, ya que el aceite puede salpicar y salpicar si las alcachofas están húmedas. Añadir las alcachofas con las puntas de las hojas hacia abajo. Cocine, presionando las alcachofas en el aceite con una cuchara ranurada hasta que se doren por un lado, aproximadamente 10 minutos. Con unas pinzas, voltea con cuidado las alcachofas y cocina hasta que se doren, unos 10 minutos más.

3. Escurrir sobre toallas de papel. Espolvorear con sal y servir inmediatamente.

Guiso de verduras primavera romana

La Vignarola

Rinde de 4 a 6 porciones

Los italianos están muy en sintonía con las estaciones, y la llegada de las primeras alcachofas de primavera indica que el invierno ha terminado y que pronto volverá el buen tiempo. Para celebrar, los romanos comen cuencos de este guiso de verduras frescas de primavera, con alcachofas, como plato principal.

4 onzas de panceta rebanada, picada

¼ taza de aceite de oliva

1 cebolla mediana, picada

4 medianosalcachofas, recortado y cortado en cuartos

1 libra de habas frescas, sin cáscara o sustitutas 1 taza de habas o habas congeladas

 ½ taza Caldo de pollo

Sal y pimienta negra recién molida

1 libra de guisantes frescos, sin cáscara (alrededor de 1 taza)

2 cucharadas de perejil de hoja plana fresco picado

1. En una sartén grande, cocina la panceta en el aceite a fuego medio. Revuelva con frecuencia hasta que la panceta comience a dorarse, 5 minutos. Agregue la cebolla y cocine hasta que esté dorada, unos 10 minutos más.

2. Agrega las alcachofas, las habas, el caldo y sal y pimienta al gusto. Baja el fuego. Tape y cocine durante 10 minutos o hasta que las alcachofas estén casi tiernas al pincharlas con un cuchillo. Agregue los guisantes y el perejil y cocine 5 minutos más. Servir caliente oa temperatura ambiente.

Corazones De Alcachofa Crujientes

Fritti Carciofini

Rinde de 6 a 8 porciones

En los Estados Unidos, las alcachofas se cultivan principalmente en California, donde inmigrantes italianos las plantaron por primera vez a principios del siglo XX. Las variedades son diferentes de las de Italia, y suelen estar muy maduras cuando se recolectan, por lo que a veces son duras y leñosas. Los corazones de alcachofa congelados pueden quedar muy buenos y ahorrar mucho tiempo. A veces los uso para esta receta. Los corazones de alcachofa fritos son deliciosos con chuletas de cordero o como aperitivo.

12 bebealcachofas, cortados y cortados en cuartos, o 2 paquetes (de 10 onzas) de corazones de alcachofa congelados, poco cocidos según las instrucciones del paquete

3 huevos grandes, batidos

Sal

2 tazas de migas de pan secas simples

Aceite para freír

Rodajas de limón

1. Seque las alcachofas frescas o cocidas. En un tazón mediano poco profundo, bata los huevos con sal al gusto. Extienda las migas de pan en una hoja de papel encerado.

2. Coloque una rejilla de enfriamiento de alambre sobre una bandeja para hornear. Sumerja las alcachofas en la mezcla de huevo, luego revuélvalas en las migas. Coloque las alcachofas en la rejilla para que se sequen al menos 15 minutos antes de cocinarlas.

3. Cubra una bandeja con toallas de papel. Vierta el aceite a una profundidad de 1 pulgada en una sartén grande y pesada. Caliente el aceite hasta que chisporrotee una gota de la mezcla de huevo. Agregue solo la cantidad suficiente de alcachofas para que quepan cómodamente en la sartén sin que se amontonen. Cocine, volteando las piezas con pinzas, hasta que estén doradas, aproximadamente 4 minutos. Escurra sobre toallas de papel y manténgalas calientes mientras fríe las alcachofas restantes, en lotes si es necesario.

4. Espolvorear con sal y servir caliente con las rodajas de limón.

Alcachofas rellenas

carciofi ripieni

Hace 8 porciones

Así es como mi madre siempre hacía las alcachofas: es una preparación clásica en todo el sur de Italia. Solo hay suficiente relleno para sazonar las alcachofas y potenciar su sabor. Demasiado relleno empapa y hace que las alcachofas se vuelvan pesadas, así que no aumente la cantidad de pan rallado y, por supuesto, use migas de pan de buena calidad. Las alcachofas se pueden preparar con antelación y servir a temperatura ambiente o comer calientes y recién hechas.

8 medioalcachofas, preparado para relleno

¾ taza de migas de pan seco

¼ taza de perejil de hoja plana fresco picado

¼ taza de Pecorino Romano o Parmigiano-Reggiano recién rallado

1 diente de ajo, muy finamente picado

Sal y pimienta negra recién molida

Aceite de oliva

1. Con un cuchillo de chef grande, pique finamente los tallos de alcachofa. Mezcla los tallos en un bol grande con el pan rallado, el perejil, el queso, el ajo y sal y pimienta al gusto. Agregue un poco de aceite y revuelva para humedecer las migajas de manera uniforme. Prueba y ajusta el sazón.

2. Separe suavemente las hojas. Rellene ligeramente el centro de las alcachofas con la mezcla de pan rallado, añadiendo también un poco de relleno entre las hojas. No empaque el relleno.

3. Coloque las alcachofas en una olla lo suficientemente ancha como para sostenerlas en posición vertical. Agregue agua a una profundidad de 3/4 de pulgada alrededor de las alcachofas. Rocíe las alcachofas con 3 cucharadas de aceite de oliva.

4. Tape la olla y colóquela a fuego medio. Cuando el agua hierva a fuego lento, reduzca el fuego a bajo. Cocine de 40 a 50 minutos (dependiendo del tamaño de las alcachofas) o hasta que las bases de las alcachofas estén tiernas al pincharlas con un cuchillo y una hoja se salga fácilmente. Agregue agua tibia adicional si es necesario para evitar que se queme. Servir tibio o a temperatura ambiente.

Alcachofas Rellenas a la Siciliana

carciofi alla siciliana

Hace 4 porciones

El clima cálido y seco de Sicilia es perfecto para el cultivo de alcachofas. Las plantas, que tienen hojas dentadas y plateadas, son bastante hermosas y muchas personas las usan como arbustos decorativos en sus jardines domésticos. Al final de la temporada, las alcachofas que se dejan en la planta se abren por completo, dejando al descubierto el estrangulamiento completamente maduro en el centro, que es de color púrpura y áspero.

Esta es la forma siciliana de rellenar las alcachofas, más compleja que laAlcachofas rellenasreceta. Servir como primer plato antes de un pescado asado o una pierna de cordero.

4 medianosalcachofas, preparado para relleno

½ taza de pan rallado simple

4 filetes de anchoa, finamente picados

2 cucharadas de alcaparras escurridas picadas

2 cucharadas de piñones, tostados

2 cucharadas de pasas doradas

2 cucharadas de perejil de hoja plana fresco picado

1 diente de ajo grande, finamente picado

Sal y pimienta negra recién molida

4 cucharadas de aceite de oliva

½ taza de vino blanco seco

Agua

1. En un tazón mediano, combine el pan rallado, las anchoas, las alcaparras, los piñones, las pasas, el perejil, el ajo y sal y pimienta al gusto. Agregue dos cucharadas de aceite.

2. Separe suavemente las hojas. Rellene las alcachofas sin apretar con la mezcla de pan rallado, añadiendo también un poco de relleno entre las hojas. No empaque el relleno.

3. Coloque las alcachofas en una olla lo suficientemente grande como para mantenerlas en posición vertical. Agregue agua a una profundidad de 3/4 de pulgada alrededor de las alcachofas. Rocíe con las 2 cucharadas de aceite restantes. Vierta el vino alrededor de las alcachofas.

4. Tape la olla y colóquela a fuego medio. Cuando el agua hierva a fuego lento, reduzca el fuego a bajo. Cocine de 40 a 50 minutos (dependiendo del tamaño de las alcachofas) o hasta que las bases de las alcachofas estén tiernas al pincharlas con un cuchillo y una hoja se salga fácilmente. Agregue agua tibia adicional si es necesario para evitar que se queme. Servir tibio o a temperatura ambiente.

Espárragos "A La Sartén"

Espárragos a la Padella

Rinde de 4 a 6 porciones

Estos espárragos se saltean rápidamente. Agregue ajo picado o hierbas frescas, si lo desea.

3 cucharadas de aceite de oliva

1 libra de espárragos

Sal y pimienta negra recién molida

2 cucharadas de perejil de hoja plana fresco picado

1. Recorte la base de los espárragos en el punto donde el tallo cambia de blanco a verde. Corta los espárragos en trozos de 2 pulgadas.

2. En una sartén grande, caliente el aceite a fuego medio. Añadir los espárragos y salpimentar al gusto. Cocine durante 5 minutos, revolviendo con frecuencia, o hasta que los espárragos estén ligeramente dorados.

3. Cubra la sartén y cocine 2 minutos más o hasta que los espárragos estén tiernos. Agregue el perejil y sirva inmediatamente.

Espárragos con Aceite y Vinagre

Ensalada de espárragos

Rinde de 4 a 6 porciones

Tan pronto como aparecen las primeras lanzas cultivadas localmente en la primavera, las preparo de esta manera y como una gran cantidad para satisfacer el antojo que se ha desarrollado durante el largo invierno. Voltee los espárragos en el aderezo mientras aún están calientes para que absorban el sabor.

1 libra de espárragos

Sal

¼ taza de aceite de oliva virgen extra

1 a 2 cucharadas de vinagre de vino tinto

Pimienta negra recién molida

1. Recorte la base de los espárragos en el punto donde el tallo cambia de blanco a verde. Pon a hervir unas 2 pulgadas de agua en una sartén grande. Añadir los espárragos y sal al gusto. Cocine hasta que los espárragos se doblen ligeramente cuando los levante del extremo del tallo, de 4 a 8 minutos. El tiempo de

cocción dependerá del grosor de los espárragos. Retire los espárragos con pinzas. Escurra sobre toallas de papel y séquelas.

2. En un plato hondo grande, combine el aceite, el vinagre, una pizca de sal y una pizca generosa de pimienta. Batir con un tenedor hasta que se mezclen. Agregue los espárragos y gírelos suavemente hasta que estén cubiertos. Servir tibio o a temperatura ambiente.

Espárragos con Mantequilla de Limón

Espárragos al Burro

Rinde de 4 a 6 porciones

Los espárragos cocinados de esta manera básica combinan prácticamente con todo, desde huevos hasta pescado y carne. Agregue cebollino fresco picado, perejil o albahaca a la mantequilla como una variación.

1 libra de espárragos

Sal

2 cucharadas de mantequilla sin sal, derretida

1 cucharada de jugo de limón fresco

Pimienta negra recién molida

1. Recorte la base de los espárragos en el punto donde el tallo cambia de blanco a verde. Pon a hervir unas 2 pulgadas de agua en una sartén grande. Añadir los espárragos y sal al gusto. Cocine hasta que los espárragos se doblen ligeramente cuando los levante del extremo del tallo, de 4 a 8 minutos. El tiempo de

cocción dependerá del grosor de los espárragos. Retire los espárragos con pinzas. Escúrralos en toallas de papel y séquelos.

2. Limpia la sartén. Agregue la mantequilla y cocine a fuego medio hasta que se derrita, aproximadamente 1 minuto. Agregue el jugo de limón. Regrese los espárragos a la sartén. Espolvoréelos con pimienta y gírelos suavemente para cubrirlos con la salsa. Servir inmediatamente.

Espárragos Con Varias Salsas

Rinde de 4 a 6 porciones

Los espárragos hervidos son maravillosos servidos a temperatura ambiente con diferentes salsas. Son geniales para una cena porque se pueden preparar con anticipación. No importa si son gruesos o delgados, pero trate de obtener espárragos que sean todos más o menos del mismo tamaño, para que se cocinen uniformemente.

mayonesa de aceite de oliva, Mayonesa De Naranja, o Salsa Verde

1 libra de espárragos

Sal

1. Preparar la salsa o salsas, si es necesario. Luego, corta la base de los espárragos en el punto donde el tallo cambia de blanco a verde.

2. Pon a hervir unas 2 pulgadas de agua en una sartén grande. Añadir los espárragos y sal al gusto. Cocine hasta que los espárragos se doblen ligeramente cuando los levante del extremo del tallo, de 4 a 8 minutos. El tiempo de cocción dependerá del grosor de los espárragos.

3. Retire los espárragos con pinzas. Escúrralos en toallas de papel y séquelos. Sirva los espárragos a temperatura ambiente con una o más de las salsas.

Espárragos Con Aderezo De Huevo Y Alcaparras

Espárragos con Caperi y Uove

Rinde de 4 a 6 porciones

En Trentino-Alto Adigio y el Véneto, los espárragos blancos gruesos son un rito de la primavera. Se fríen y se hierven, se añaden a risottos, sopas y ensaladas. Un aderezo de huevo es un condimento típico, como este con jugo de limón, perejil y alcaparras.

1 libra de espárragos

Sal

¼ taza de aceite de oliva

1 cucharadita de jugo de limón fresco

Pimienta recién molida

1 huevo duro cocido, cortado en cubitos

2 cucharadas de perejil de hoja plana fresco picado

1 cucharada de alcaparras, enjuagadas y escurridas

1. Recorte la base de los espárragos en el punto donde el tallo cambia de blanco a verde. Pon a hervir unas 2 pulgadas de agua en una sartén grande. Añadir los espárragos y sal al gusto. Cocine hasta que los espárragos se doblen ligeramente cuando los levante del extremo del tallo, de 4 a 8 minutos. El tiempo de cocción dependerá del grosor de los espárragos. Retire los espárragos con pinzas. Escúrralos en toallas de papel y séquelos.

2. En un tazón pequeño, mezcle el aceite, el jugo de limón y una pizca de sal y pimienta. Agregue el huevo, el perejil y las alcaparras.

3. Coloque los espárragos en un plato de servir y vierta la salsa. Servir inmediatamente.

Espárragos con Parmesano y Mantequilla

Espárragos a la parmesana

Rinde de 4 a 6 porciones

Esto a veces se llama asparagi alla Milanese, espárragos al estilo de Milán, aunque se come en muchas regiones diferentes. Si puedes encontrar espárragos blancos, se adaptan especialmente bien a este tratamiento.

1 libra de espárragos gruesos

Sal

2 cucharadas de mantequilla sin sal

Pimienta negra recién molida

1/2 taza de Parmigiano-Reggiano recién rallado

1. Recorte la base de los espárragos en el punto donde el tallo cambia de blanco a verde. Pon a hervir unas 2 pulgadas de agua en una sartén grande. Añadir los espárragos y sal al gusto. Cocine hasta que los espárragos se doblen ligeramente cuando los levante del extremo del tallo, de 4 a 8 minutos. El tiempo de

cocción dependerá del grosor de los espárragos. Retire los espárragos con pinzas. Escúrralos en toallas de papel y séquelos.

2. Coloque una rejilla en el centro del horno. Precaliente el horno a 450°F. Unte con mantequilla una fuente grande para hornear.

3. Coloque los espárragos uno al lado del otro en la fuente para hornear, superponiéndolos ligeramente. Untar con mantequilla y espolvorear con pimienta y el queso.

4. Hornea 15 minutos o hasta que el queso se derrita y esté dorado. Servir inmediatamente.

Paquetes de espárragos y prosciutto

Fagottini de espárragos

Hace 4 porciones

Para un plato más sustancioso, a veces cubro cada paquete con rebanadas de Fontina Valle d'Aosta, mozzarella u otro queso que se derrita bien.

1 libra de espárragos

Sal y pimienta recién molida

4 rebanadas de prosciutto italiano importado

2 cucharadas de mantequilla

¼ taza de Parmigiano-Reggiano recién rallado

1. Recorte la base de los espárragos en el punto donde el tallo cambia de blanco a verde. Pon a hervir unas 2 pulgadas de agua en una sartén grande. Añadir los espárragos y sal al gusto. Cocine hasta que los espárragos se doblen ligeramente cuando los levante del extremo del tallo, de 4 a 8 minutos. El tiempo de cocción dependerá del grosor de los espárragos. Retire los espárragos con pinzas. Escurra sobre toallas de papel y séquelas.

2. Coloque una rejilla en el centro del horno. Precaliente el horno a 350°F. Unte con mantequilla una fuente grande para hornear.

3. Derrita la mantequilla en una sartén grande. Agrega los espárragos y espolvoréalos con sal y pimienta. Usando dos espátulas, voltee los espárragos con cuidado en la mantequilla para cubrirlos bien.

4. Divide los espárragos en 4 grupos. Coloque cada grupo en el centro de una rebanada de prosciutto. Envuelve los extremos del prosciutto alrededor de los espárragos. Coloque los paquetes en la fuente para hornear. Espolvorear con el parmesano.

5. Hornea los espárragos durante 15 minutos o hasta que el queso se derrita y forme una costra. Servir caliente.

Espárragos Asados

Asparagi al Forno

Rinde de 4 a 6 porciones

El asado dora los espárragos y resalta su dulzura natural. Estos son perfectos cuando estás asando carne. Puedes sacar la carne cocida del horno, y mientras reposa, hornea los espárragos. Use espárragos gruesos para esta receta.

1 libra de espárragos

¼ taza de aceite de oliva

Sal

1. Coloque una rejilla en el centro del horno. Precaliente el horno a 450°F. Recorte la base de los espárragos en el punto donde el tallo cambia de blanco a verde.

2. Coloque los espárragos en una bandeja para hornear lo suficientemente grande como para contenerlos en una sola capa. Rocíe con aceite y sal. Enrolle los espárragos de lado a lado para cubrirlos con el aceite.

3. Hornee de 8 a 10 minutos o hasta que los espárragos estén tiernos.

Espárragos en Zabaglione

Espárragos allo Zabaione

Hace 6 porciones

Zabaglione es un flan de huevo esponjoso que generalmente se sirve endulzado como postre. En este caso, los huevos se baten con vino blanco y sin azúcar y se sirven sobre unos espárragos. Es un primer plato elegante para una comida de primavera. Pelar los espárragos es opcional, pero asegura que los espárragos estén tiernos desde la punta hasta el tallo.

1 1/2 libras de espárragos

2 yemas de huevo grandes

1/4 taza de vino blanco seco

Pizca de sal

1 cucharada de mantequilla sin sal

1. Recorte la base de los espárragos en el punto donde el tallo cambia de blanco a verde. Para pelar los espárragos, comience por debajo de la punta y, con un pelador de hojas giratorias, quite la cáscara de color verde oscuro hasta el extremo del tallo.

2. Pon a hervir unas 2 pulgadas de agua en una sartén grande. Añadir los espárragos y sal al gusto. Cocine hasta que los espárragos se doblen ligeramente cuando los levante del extremo del tallo, de 4 a 8 minutos. El tiempo de cocción dependerá del grosor de los espárragos. Retire los espárragos con pinzas. Escurra sobre toallas de papel y séquelas.

3. Lleve aproximadamente una pulgada de agua a fuego lento en la mitad inferior de una caldera doble o una cacerola. Coloque las yemas de huevo, el vino y la sal en la parte superior de la olla para baño maría o en un recipiente resistente al calor que se ajuste cómodamente sobre la cacerola sin tocar el agua.

4. Bate la mezcla de huevo hasta que se mezcle, luego coloca la cacerola o tazón sobre el agua hirviendo. Batir con una batidora eléctrica de mano o con un batidor de alambre hasta que la mezcla tenga un color pálido y mantenga una forma suave cuando se levanten las varillas, aproximadamente 5 minutos. Batir la mantequilla hasta que se mezcle.

5. Vierta la salsa tibia sobre los espárragos y sirva inmediatamente.

Espárragos con Taleggio y Piñones

Espárragos con Taleggio e Pinoli

Rinde de 6 a 8 porciones

No muy lejos de Peck's, la famosa gastronomia (tienda de comida gourmet) de Milán, se encuentra la Trattoria Milanese. Es un gran lugar para probar platos sencillos y clásicos de Lombardía, como estos espárragos cubiertos con taleggio, un queso de leche de vaca mantecoso, semiblando y aromático que se elabora localmente y es uno de los quesos más finos de Italia. Fontina o Bel Paese se pueden sustituir si taleggio no está disponible.

2 libras de espárragos

Sal

2 cucharadas de mantequilla sin sal, derretida

6 onzas de taleggio, Fontina Valle d'Aosta o Bel Paese, cortada en trozos pequeños

¼ taza de piñones picados o almendras en rodajas

1 cucharada de pan rallado simple

1. Coloque una rejilla en el centro del horno. Precaliente el horno a 450°F. Unte con mantequilla una fuente para hornear de 13 × 9 × 2 pulgadas.

2. Recorte la base de los espárragos en el punto donde el tallo cambia de blanco a verde. Para pelar los espárragos, comience por debajo de la punta y, con un pelador de hojas giratorias, quite la cáscara de color verde oscuro hasta el extremo del tallo.

3. Pon a hervir unas 2 pulgadas de agua en una sartén grande. Añadir los espárragos y sal al gusto. Cocine hasta que los espárragos se doblen ligeramente cuando los levante por el extremo del tallo, de 4 a 8 minutos. El tiempo de cocción dependerá del grosor de los espárragos. Retire los espárragos con pinzas. Escúrralos en toallas de papel y séquelos.

4. Disponer los espárragos en la fuente para horno. Rocíe con la mantequilla. Esparcir el queso sobre los espárragos. Espolvorear con las nueces y el pan rallado.

5. Hornee hasta que el queso se derrita y las nueces estén doradas, aproximadamente 15 minutos. Servir caliente.

Timbales de espárragos

Formatini de espárragos

Hace 6 porciones

Las natillas suaves como la seda como estas son una preparación antigua, pero que sigue siendo popular en muchos restaurantes italianos, esencialmente porque son muy deliciosas. Prácticamente cualquier verdura se puede hacer de esta manera, y estos pequeños moldes sirven como guarnición, primer plato o plato principal vegetariano. Los sformatini, literalmente "pequeñas cosas sin moldear", se pueden servir solos, cubiertos con una salsa de tomate o queso, o rodeados de verduras salteadas con mantequilla.

1 taza Salsa bechamel

1 1/2 libras de espárragos, recortados

3 huevos grandes

1/4 taza de Parmigiano-Reggiano recién rallado

Sal y pimienta negra recién molida

1. Prepara la bechamel, si es necesario. Pon a hervir unas 2 pulgadas de agua en una sartén grande. Añadir los espárragos y

sal al gusto. Cocine hasta que los espárragos se doblen ligeramente cuando los levante por el extremo del tallo, de 4 a 8 minutos. El tiempo de cocción dependerá del grosor de los espárragos. Retire los espárragos con pinzas. Escúrralos en toallas de papel y séquelos. Corta y reserva 6 de las puntas.

2. Coloque los espárragos en un procesador de alimentos y procese hasta que quede suave. Mezcle los huevos, la bechamel, el queso, 1 cucharadita de sal y pimienta al gusto.

3. Coloque una rejilla en el centro del horno. Precaliente el horno a 350°F. Unte con mantequilla generosamente seis moldes de 6 onzas o tazas de flan. Vierta la mezcla de espárragos en las tazas. Coloque las copas en una asadera grande y vierta agua hirviendo en la sartén hasta la mitad de los lados de las copas.

4. Hornea de 50 a 60 minutos o hasta que al insertar un cuchillo en el centro, éste salga limpio. Retire los moldes de la sartén y pase un cuchillo pequeño por el borde. Invierta los moldes en platos para servir. Cubra con las puntas de espárragos reservadas y sirva caliente.

Frijoles Campestres

Fagioli alla Paesana

Rinde alrededor de 6 tazas de frijoles, sirviendo de 10 a 12

Este es un método de cocción básico para todo tipo de frijoles. Los frijoles remojados pueden fermentar si se dejan a temperatura ambiente, así que los coloco en el refrigerador. Una vez cocidos, sírvelos tal cual con un chorrito de aceite de oliva virgen extra, o añádelos a sopas o ensaladas.

1 libra de arándanos, cannellini u otros frijoles secos

1 zanahoria, cortada

1 costilla de apio con hojas

1 cebolla

2 dientes de ajo

2 cucharadas de aceite de oliva

Sal

1. Enjuague los frijoles y recójalos para quitar los frijoles rotos o las piedras pequeñas.

2. Coloque los frijoles en un tazón grande con agua fría para cubrir por 2 pulgadas. Refrigere 4 horas hasta toda la noche.

3. Escurra los frijoles y colóquelos en una olla grande con agua fría fresca para cubrir 1 pulgada. Lleve el agua a fuego lento a fuego medio. Reduce el fuego a bajo y quita la espuma que sube a la superficie. Cuando la espuma deje de subir, añadir las verduras y el aceite de oliva.

4. Tape la olla y cocine a fuego lento de 11/2 a 2 horas, agregando más agua si es necesario, hasta que los frijoles estén muy tiernos y cremosos. Agrega sal al gusto y deja reposar unos 10 minutos. Desechar las verduras. Servir caliente oa temperatura ambiente.

Frijoles toscanos

Stufati Fagioli

Hace 6 porciones

Los toscanos son los maestros de la cocina de frijoles. Lentamente hierven a fuego lento las legumbres secas con hierbas en un líquido apenas burbujeante. La cocción lenta y prolongada produce frijoles tiernos y cremosos que mantienen su forma mientras se cocinan.

Siempre pruebe varios frijoles para determinar si están listos, porque no todos se cocinarán en el mismo momento. Dejo que los frijoles reposen un rato en la estufa apagada después de cocinarlos para asegurarme de que estén bien cocidos. Son buenos cuando están tibios y se recalientan perfectamente.

Los frijoles son buenos como guarnición o en sopas, o pruébelos con una cuchara sobre pan italiano tostado tibio que se ha frotado con ajo y rociado con aceite.

8 onzas de cannellini, arándanos u otros frijoles secos

1 diente de ajo grande, ligeramente machacado

6 hojas de salvia fresca, o una ramita de romero, o 3 ramitas de tomillo fresco

Sal

Aceite de oliva virgen extra

Pimienta negra recién molida

1. Enjuague los frijoles y recójalos para quitar los frijoles rotos o las piedras pequeñas. Coloque los frijoles en un tazón grande con agua fría para cubrir por 2 pulgadas. Refrigere 4 horas hasta toda la noche.

2. Precaliente el horno a 300°F. Escurra los frijoles y colóquelos en un horno holandés u otra olla profunda y pesada con una tapa que cierre bien. Agregue agua fresca para cubrir por 1 pulgada. Agregue el ajo y la salvia. Llevar a fuego lento a fuego lento.

3. Cubra la olla y colóquela en la rejilla central del horno. Cocine hasta que los frijoles estén muy tiernos, alrededor de 1 hora y 15 minutos o más, según el tipo y la edad de los frijoles. Verifique ocasionalmente para ver si se necesita más agua para mantener los frijoles cubiertos. Algunos frijoles pueden requerir 30 minutos más de tiempo de cocción.

4. Pruebe los frijoles. Cuando estén completamente tiernas, agrega sal al gusto. Deje reposar los frijoles durante 10 minutos. Servir caliente con un chorrito de aceite de oliva y una pizca de pimienta negra.

Ensalada De Frijoles

Insalata de Fagioli

Hace 4 porciones

Aliñar los frijoles mientras están tibios les ayuda a absorber los sabores.

2 cucharadas de aceite de oliva virgen extra

2 cucharadas de jugo de limón fresco

Sal y pimienta negra recién molida

2 tazas de frijoles tibios cocidos o enlatados, como cannellini o frijoles arándanos

1 pimiento amarillo pequeño, cortado en cubitos

1 taza de tomates cherry, cortados a la mitad o en cuartos

2 cebollas verdes, cortadas en trozos de 1/2 pulgada

1 manojo de rúcula, recortada

1. En un tazón mediano, mezcle el aceite, el jugo de limón y sal y pimienta al gusto. Escurra los frijoles y agréguelos al aderezo. Revuelva bien. Deje reposar 30 minutos.

2. Agregue el pimiento, los tomates y las cebollas y mezcle. Pruebe y ajuste la sazón.

3. Coloque la rúcula en un plato y cubra con la ensalada. Servir inmediatamente.

frijoles y repollo

Fagioli y Cavolo

Hace 6 porciones

Sirva esto como primer plato en lugar de pasta o sopa, o como guarnición con cerdo asado o pollo.

2 onzas de panceta (4 rebanadas gruesas), cortadas en tiras de 1/2 pulgada

2 cucharadas de aceite de oliva

1 cebolla pequeña, picada

2 dientes de ajo grandes

1/4 cucharadita de pimiento rojo molido

4 tazas de repollo rallado

1 taza de tomates frescos o enlatados picados

Sal

3 tazas de frijoles cannellini o arándanos cocidos o enlatados, escurridos

1. En una sartén grande, cocine la panceta en el aceite de oliva durante 5 minutos. Agregue la cebolla, el ajo y el pimiento

picante y cocine hasta que la cebolla se ablande, aproximadamente 10 minutos.

2.Agregue el repollo, los tomates y sal al gusto. Reduzca el fuego a bajo y cubra la sartén. Cocine 20 minutos o hasta que el repollo esté tierno. Agregue los frijoles y cocine 5 minutos más. Servir caliente.

Frijoles En Salsa De Tomate Y Salvia

Fagioli all'Uccelletto

Hace 8 porciones

Estos frijoles toscanos se cocinan a la manera de los pajaritos de caza, con salvia y tomate, de ahí su nombre italiano.

1 libra de cannellini secos o frijoles Great Northern, enjuagados y recogidos

Sal

2 ramitas de salvia fresca

3 dientes de ajo grandes

¼ taza de aceite de oliva

3 tomates grandes, pelados, sin semillas y picados, o 2 tazas de tomates enlatados

1. Coloque los frijoles en un tazón grande con agua fría para cubrir por 2 pulgadas. Colóquelos en el refrigerador para remojar de 4 horas a toda la noche.

2. Escurra los frijoles y colóquelos en una olla grande con agua fría para cubrir 1 pulgada. Lleve el líquido a fuego lento. Tape y

cocine hasta que los frijoles estén tiernos, de 1 1/2 a 2 horas. Agrega sal al gusto y deja reposar 10 minutos.

3. En una cacerola grande, cocina la salvia y el ajo en el aceite a fuego medio, aplanando el ajo con el dorso de una cuchara, hasta que esté dorado, aproximadamente 5 minutos. Agregue los tomates.

4. Escurrir los frijoles, reservando el líquido. Agregue los frijoles a la salsa. Cocine 10 minutos, agregando un poco del líquido reservado si los frijoles se secan. Servir tibio o a temperatura ambiente.

Guiso de garbanzos

Ceci en Zimino

Rinde de 4 a 6 porciones

Este estofado sustancioso es bueno solo, o puede agregar un poco de pasta pequeña cocida o arroz y agua o caldo para convertirlo en una sopa.

1 cebolla mediana, picada

1 diente de ajo, finamente picado

4 cucharadas de aceite de oliva

1 libra de acelgas o espinacas, cortadas y picadas

Sal y pimienta negra recién molida

3 1/2 tazas de garbanzos cocidos o enlatados escurridos

Aceite de oliva virgen extra

1. En una cacerola mediana, cocina la cebolla y el ajo en el aceite a fuego medio hasta que estén dorados, 10 minutos. Añadir las acelgas y sal al gusto. Tape y cocine por 15 minutos.

2. Añadir los garbanzos con un poco de su líquido de cocción o agua y salpimentar al gusto. Tape y cocine 30 minutos más. Revuelva ocasionalmente y machaque algunos de los garbanzos con el dorso de una cuchara. Agregue un poco más de líquido si la mezcla se vuelve demasiado seca.

3. Deje que se enfríe un poco antes de servir. Rocíe con un poco de aceite de oliva virgen extra si lo desea.

Habas con verduras amargas

Fave y Cicoria

Rinde de 4 a 6 porciones

Las habas secas tienen un sabor terroso y ligeramente amargo. Al comprarlos, busque la variedad pelada. Son un poco más caros, pero valen la pena para evitar las pieles duras. También se cocinan más rápido que las favas con piel. Puede encontrar habas secas peladas en mercados étnicos y especializados en alimentos naturales.

Esta receta es de Puglia, donde es prácticamente el plato nacional. Se puede utilizar cualquier tipo de verdura amarga, como la achicoria, el brócoli, las hojas de nabo o el diente de león. Me gusta agregar una pizca de pimiento rojo triturado a las verduras mientras se cocinan, pero eso no es tradicional.

8 onzas de habas secas peladas, enjuagadas y escurridas

1 patata mediana hirviendo, pelada y cortada en trozos de 1 pulgada

Sal

1 libra de hojas de achicoria o diente de león, recortadas

1/4 taza de aceite de oliva virgen extra

1 diente de ajo, finamente picado

Una pizca de pimiento rojo triturado

1. Coloque los frijoles y la papa en una olla grande. Agregue agua fría hasta cubrir 1/2 pulgada. Lleve a fuego lento y cocine hasta que los frijoles estén muy suaves y se deshagan y toda el agua se absorba.

2. Agregue sal al gusto. Triture los frijoles con el dorso de una cuchara o un machacador de papas. Agregue el aceite.

3. Traiga una olla grande con agua a hervir. Agregue las verduras y sal al gusto. Cocine hasta que estén tiernos, dependiendo de la variedad de verduras, de 5 a 10 minutos. Escurrir bien.

4. Seca la olla. Agregue el aceite, el ajo y el pimiento rojo triturado. Cocine a fuego medio hasta que el ajo esté dorado, aproximadamente 2 minutos. Agregue las verduras escurridas y sal al gusto. Mezcle bien.

5. Extienda el puré de frijoles en un plato para servir. Apila las verduras encima. Rocíe con más aceite si lo desea. Servir caliente o tibio.

Habas Frescas, Estilo Romano

Fave alla Romana

Hace 4 porciones

Las habas frescas en sus vainas son una importante verdura de primavera en todo el centro y sur de Italia. A los romanos les gusta sacarlos de las conchas y comerlos crudos como acompañamiento del queso pecorino joven. Las alubias también se guisan con otras verduras de primavera como los guisantes y las alcachofas.

Si las habas son muy jóvenes y tiernas, no es necesario quitarles la fina piel que cubre cada haba. Prueba a comer uno con piel y otro sin piel para decidir si están tiernos.

El sabor y la textura de las habas frescas es completamente diferente al de las habas secas, así que no sustituyas unas por otras. Si no puede encontrar favas frescas, busque los frijoles congelados que se venden en muchos mercados italianos y del Medio Oriente. Los frijoles de lima frescos o congelados también funcionan bien en este plato.

1 cebolla pequeña, finamente picada

4 onzas de panceta, cortada en cubitos

2 cucharadas de aceite de oliva

4 libras de habas frescas, sin cáscara (alrededor de 3 tazas)

Sal y pimienta negra recién molida

¼ taza de agua

1. En una sartén mediana, cocina la cebolla y la panceta en el aceite de oliva a fuego medio durante 10 minutos o hasta que estén doradas.

2. Agregue las habas y sal y pimienta al gusto. Agregue el agua y baje el fuego. Tape la cacerola y cocine por 5 minutos o hasta que los frijoles estén casi tiernos.

3. Destape la sartén y cocine hasta que los frijoles y la panceta estén ligeramente dorados, aproximadamente 5 minutos. Servir caliente.

Habas frescas al estilo de Umbría

Scafata

Hace 6 porciones

Las vainas de habas deben estar firmes y crujientes, no arrugadas ni blandas, lo que indica que están demasiado viejas. Cuanto más pequeña es la vaina, más tiernos los frijoles. Calcule 1 libra de favas frescas en la vaina por 1 taza de favas sin cáscara.

2 1/2 libras de habas frescas, sin cáscara o 2 tazas de habas congeladas

1 libra de acelgas, recortadas y cortadas en tiras de 1/2 pulgada

1 cebolla, picada

1 zanahoria mediana, picada

1 costilla de apio, picada

1/4 taza de aceite de oliva

1 cucharadita de sal

Pimienta negra recién molida

1 tomate mediano maduro, pelado, sin semillas y picado

1. En una cacerola mediana, mezcle todos los ingredientes excepto el tomate. Tape y cocine a fuego lento, revolviendo ocasionalmente, durante 15 minutos o hasta que los frijoles estén tiernos. Agregue un poco de agua si las verduras comienzan a pegarse.

2. Agregue el tomate y cocine sin tapar durante 5 minutos. Servir caliente.

Brócoli con Aceite y Limón

Brócoli al Agro

Hace 6 porciones

Esta es la forma básica de servir muchos tipos de verduras cocidas en el sur de Italia. Se sirven siempre a temperatura ambiente.

1 1/2 libras de brócoli

Sal

1/4 taza de aceite de oliva virgen extra

1 a 2 cucharadas de jugo de limón fresco

Rodajas de limón, para decorar

1. Cortar el brócoli en floretes grandes. Corta los extremos de los tallos. Retire la piel dura con un pelador de verduras de hoja giratoria. Corte los tallos gruesos transversalmente en rebanadas de 1/4 de pulgada.

2. Traiga una olla grande con agua a hervir. Añadir el brócoli y sal al gusto. Cocine hasta que el brócoli esté tierno, de 5 a 7 minutos. Escurrir y enfriar un poco bajo el chorro de agua fría.

3.Rocíe el brócoli con el aceite y el jugo de limón. Adorne con las rodajas de limón. Servir a temperatura ambiente.

Brócoli, Estilo Parma

Brócoli a la parmesana

Hace 4 porciones

Para variar, prepare este plato con una combinación de coliflor y brócoli.

1 1/2 libras de brócoli

Sal

3 cucharadas de mantequilla sin sal

Pimienta negra recién molida

1/2 taza de Parmigiano-Reggiano recién rallado

1. Cortar el brócoli en floretes grandes. Corta los extremos de los tallos. Retire la piel dura con un pelador de verduras de hoja giratoria. Corte los tallos gruesos transversalmente en rebanadas de 1/4 de pulgada.

2. Traiga una olla grande con agua a hervir. Añadir el brócoli y sal al gusto. Cocine hasta que el brócoli esté parcialmente cocido, unos 5 minutos. Escurrir y enfriar bajo agua fría.

3. Coloque una rejilla en el centro del horno. Precaliente el horno a 375°F. Unte con mantequilla una fuente para hornear lo suficientemente grande como para contener el brócoli.

4. Coloque las lanzas en el plato preparado, superponiéndolas ligeramente. Untar con la mantequilla y espolvorear con pimienta. Espolvorear el queso por encima.

5. Hornee por 10 minutos o hasta que el queso se derrita y se dore un poco. Servir caliente.

Rabe de brócoli con ajo y pimiento picante

Cime di Rape col Peperoncino

Hace 4 porciones

No hay nada mejor que esta receta cuando se trata de condimentar el brócoli. Este plato también se puede preparar con brócoli normal o coliflor. Algunas versiones incluyen algunas anchoas salteadas con ajo y aceite, o prueba agregar un puñado de aceitunas para darle un sabor salado. Esto también es un excelente aderezo para la pasta.

1 1/2 libras de brócoli rabe

Sal

3 cucharadas de aceite de oliva

2 dientes de ajo grandes, en rodajas finas

Una pizca de pimiento rojo triturado

1. Separe el rabe de brócoli en floretes. Corta la base de los tallos. Pelar los tallos es opcional. Corta cada florete transversalmente en 2 o 3 piezas.

2. Traiga una olla grande con agua a hervir. Agrega el brócoli rabe y sal al gusto. Cocine hasta que el brócoli esté casi tierno, unos 5 minutos. Drenar.

3. Seque la olla y agregue el aceite, el ajo y el pimiento rojo. Cocine a fuego medio hasta que el ajo esté ligeramente dorado, aproximadamente 2 minutos. Agregue el brócoli y una pizca de sal. Revuelva bien. Tape y cocine hasta que estén tiernos, 3 minutos más. Servir caliente oa temperatura ambiente.

brócoli con prosciutto

Brasato de brócoli

Hace 4 porciones

El brócoli en esta receta se cocina hasta que esté lo suficientemente suave como para triturarlo con un tenedor. Sirva como guarnición o extiéndalo sobre pan italiano tostado para crostini.

1 1/2 libras de brócoli

Sal

1/4 taza de aceite de oliva

1 cebolla mediana, picada

1 diente de ajo, finamente picado

4 lonchas finas de prosciutto italiano importado, cortadas transversalmente en tiras finas

1. Cortar el brócoli en floretes grandes. Corta los extremos de los tallos. Retire la piel dura con un pelador de verduras de hoja giratoria. Corte los tallos gruesos transversalmente en rebanadas de 1/4 de pulgada.

2. Traiga una olla grande con agua a hervir. Añadir el brócoli y sal al gusto. Cocine hasta que el brócoli esté parcialmente cocido, unos 5 minutos. Escurrir y enfriar bajo agua fría.

3. Seque la olla y agregue el aceite, la cebolla y el ajo. Cocine a fuego medio hasta que estén dorados, unos 10 minutos. Agregue el brócoli. Cubra y baje el fuego a bajo. Cocine hasta que el brócoli esté suave, unos 15 minutos.

4. Triture el brócoli en trozos gruesos con un machacador de papas o un tenedor. Agregue el jamón. Sazone al gusto con sal y pimienta. Servir caliente.

Bocaditos de pan con brócoli Rabe

Morsi con Cime di Rape

Hace 4 porciones

Una minestra puede ser una sopa espesa hecha con pasta o arroz, o un plato abundante de verduras, como este de Puglia que contiene cubos de pan. Aunque probablemente fue inventado por un ama de casa ahorrativa con pan sobrante y muchas bocas que llenar, es lo suficientemente sabroso como primer plato o como guarnición con costillas o chuletas de cerdo.

1 1/2 libras de brócoli rabe

3 dientes de ajo, en rodajas finas

Una pizca de pimiento rojo triturado

1/3 taza de aceite de oliva

4 a 6 rebanadas (de 1/2 pulgada de grosor) de pan italiano o francés, cortadas en trozos pequeños

1. Separe el rabe de brócoli en floretes. Corta la base de los tallos. Pelar los tallos es opcional. Corte cada florete transversalmente en trozos de 1 pulgada.

2. Traiga una olla grande con agua a hervir. Agrega el brócoli rabe y sal al gusto. Cocine hasta que el brócoli esté casi tierno, unos 5 minutos. Drenar.

3. En una sartén grande, cocine el ajo y el pimiento rojo en el aceite durante 1 minuto. Agregue los cubos de pan y cocine, revolviendo con frecuencia hasta que el pan esté ligeramente tostado, aproximadamente 3 minutos.

4. Agregue el brócoli rabe y una pizca de sal. Cocine, revolviendo, 5 minutos más. Servir caliente.

Rabe de brócoli con panceta y tomates

Cime di Rape al Pomodori

Hace 4 porciones

En esta receta, el sabor carnoso de la panceta, la cebolla y el tomate complementa el sabor audaz del brócoli rabe. Este es otro de esos platos que sería genial mezclado con un poco de pasta cocida caliente.

1 1/2 libras de brócoli rabe

Sal

2 cucharadas de aceite de oliva

2 rebanadas gruesas de panceta, picadas

1 cebolla mediana, picada

Una pizca de pimiento rojo triturado

1 taza de tomates enlatados picados

2 cucharadas de vino blanco seco o agua

1. Separe el rabe de brócoli en floretes. Corta la base de los tallos. Pelar los tallos es opcional. Corte cada florete transversalmente en trozos de 1 pulgada.

2. Traiga una olla grande con agua a hervir. Agrega el brócoli rabe y sal al gusto. Cocine hasta que el brócoli esté casi tierno, unos 5 minutos. Drenar.

3. Vierta el aceite en una sartén grande. Agregue la panceta, la cebolla y el pimiento rojo y cocine a fuego medio hasta que la cebolla esté transparente, aproximadamente 5 minutos. Agregue los tomates, el vino y una pizca de sal. Cocine 10 minutos más o hasta que espese.

4. Agregue el brócoli rabe y cocine hasta que se caliente, aproximadamente 2 minutos. Servir caliente.

Tortitas De Vegetales

Frittelle de Erbe di Campo

Hace 8 porciones

En Sicilia, estos pequeños panqueques de verduras se hacen con verduras silvestres amargas. Puedes usar brócoli rabe, hojas de mostaza, borraja o achicoria. Estos pastelitos se comen tradicionalmente en Semana Santa como aperitivo o guarnición. Son buenos calientes oa temperatura ambiente.

1 1/2 libras de brócoli rabe

Sal

4 huevos grandes

2 cucharadas de caciocavallo o Pecorino Romano rallado

Sal y pimienta negra recién molida

2 cucharadas de aceite de oliva

1. Separe el rabe de brócoli en floretes. Corta la base de los tallos. Pelar los tallos es opcional. Corte cada florete transversalmente en trozos de 1 pulgada.

2. Traiga una olla grande con agua a hervir. Agrega el brócoli rabe y sal al gusto. Cocine hasta que el brócoli esté casi tierno, unos 5 minutos. Drenar. Deje que se enfríe un poco, luego presione para sacar el agua. Picar el brócoli rabe.

3. En un tazón grande, bata los huevos, el queso y la sal y la pimienta al gusto. Agregue las verduras.

4. Caliente el aceite en una sartén grande a fuego medio. Recoge una cucharada colmada de la mezcla y colócala en la sartén. Aplane la mezcla con una cuchara en un panqueque pequeño. Repita con la mezcla restante. Cocine 1 lado de los pasteles hasta que estén ligeramente dorados, aproximadamente 2 minutos, luego déles la vuelta con una espátula y cocine el otro lado hasta que estén dorados y bien cocidos. Servir caliente oa temperatura ambiente.

Coliflor Frita

frita de cavolfiore

Hace 4 porciones

Trate de servir la coliflor preparada de esta manera a alguien a quien normalmente no le gusta este vegetal versátil, y seguramente hará una conversión. El recubrimiento crujiente con sabor a queso ofrece un excelente contraste con la tierna coliflor. Estos se pueden pasar como aperitivos de fiesta o servir como guarnición con chuletas a la parrilla. Para obtener la mejor textura, sírvalas inmediatamente después de cocinarlas.

1 coliflor pequeña (alrededor de 1 libra)

Sal

1 taza de migas de pan secas simples

3 huevos grandes

½ taza de Parmigiano-Reggiano recién rallado

Pimienta negra recién molida

Aceite vegetal

Rodajas de limón

1. Cortar la coliflor en floretes de 2 pulgadas. Corta los extremos de los tallos. Corte los tallos gruesos transversalmente en rebanadas de 1/4 de pulgada.

2. Traiga una olla grande con agua a hervir. Añade la coliflor y sal al gusto. Cocine hasta que la coliflor esté casi tierna, unos 5 minutos. Escurrir y enfriar bajo agua fría.

3. Poner el pan rallado en un plato hondo. En un tazón pequeño, bata los huevos, el queso y la sal y la pimienta al gusto. Sumerge los trozos de coliflor en el huevo y luego revuélvelos en pan rallado. Deja secar sobre una rejilla durante 15 minutos.

4. Vierta el aceite en una sartén grande y profunda a una profundidad de 1/2 pulgada. Caliente a fuego medio hasta que un poco de la mezcla de huevo caiga en la sartén y chisporrotee y se cocine rápidamente. Mientras tanto, forre una bandeja con toallas de papel.

5. Coloque solo suficientes trozos de coliflor en la sartén que quepan cómodamente sin tocarlos. Freír los trozos, volteándolos con pinzas, hasta que estén dorados y crujientes por todos lados, unos 6 minutos. Escurra la coliflor en las toallas de papel. Repita con la coliflor restante.

6.Sirva la coliflor caliente, con rodajas de limón.

puré de coliflor

puré de cavolfiore

Hace 4 porciones

Aunque parece un puré de papa común, este puré de coliflor y papas es mucho más ligero y sabroso. Es un buen cambio del puré de papas e incluso podría servirse con un estofado sustancioso, como Pierna de ternera estofada.

1 coliflor pequeña (alrededor de 1 libra)

3 papas medianamente hirviendo, peladas y cortadas en cuartos

Sal

1 cucharada de mantequilla sin sal

2 cucharadas de Parmigiano-Reggiano rallado

Pimienta negra recién molida

1. Cortar la coliflor en floretes de 2 pulgadas. Corta los extremos de los tallos. Corte los tallos gruesos transversalmente en rebanadas de 1/4 de pulgada.

2. En una olla lo suficientemente grande como para contener todas las verduras, combine las papas con 3 cuartos de galón de agua fría y sal al gusto. Llevar a fuego lento y cocinar 5 minutos.

3. Agregue la coliflor y cocine hasta que las verduras estén muy tiernas, unos 10 minutos. Escurrir la coliflor y las patatas. Bátelos hasta que quede suave con una batidora eléctrica o una batidora de mano. No los bata demasiado o las papas se volverán pegajosas.

4. Agregue la mantequilla, el queso y sal y pimienta al gusto. Servir caliente.

Coliflor Asado

Cavolfiore al Forno

Rinde de 4 a 6 porciones

La coliflor pasa de suave a deliciosa cuando se asa hasta que se dora ligeramente. Para variar, mezcle la coliflor cocida con un poco de vinagre balsámico.

1 coliflor mediana (alrededor de 1½ libras)

¼ taza de aceite de oliva

Sal y pimienta negra recién molida

1. Cortar la coliflor en floretes de 2 pulgadas. Corta los extremos de los tallos. Corte los tallos gruesos transversalmente en rebanadas de 1/4 de pulgada.

2. Coloque una rejilla en el centro del horno. Precaliente el horno a 350°F. Extienda la coliflor en una asadera lo suficientemente grande como para sostenerla en una sola capa. Mezcle con el aceite y una pizca generosa de sal y pimienta.

3. Hornee, revolviendo ocasionalmente, durante 45 minutos o hasta que la coliflor esté tierna y ligeramente dorada. Servir tibio.

Coliflor Asfixiada

Estufa de Cavolfiore

Rinde de 4 a 6 porciones

Algunas personas dicen que la coliflor es insípida, pero yo digo que su sabor suave y su textura cremosa son el telón de fondo perfecto para ingredientes sabrosos.

1 coliflor mediana (alrededor de 1 1/2 libras)

3 cucharadas de aceite de oliva

1/4 taza de agua

2 dientes de ajo, en rodajas finas

Sal

1/2 taza de aceitunas negras suaves, como Gaeta, sin hueso y en rodajas

4 anchoas picadas (opcional)

2 cucharadas de perejil de hoja plana fresco picado

1. Cortar la coliflor en floretes de 2 pulgadas. Corta los extremos de los tallos. Corte los tallos gruesos transversalmente en rebanadas de 1/4 de pulgada.

2. Vierta el aceite en una sartén grande y agregue la coliflor. Cocine a fuego medio hasta que la coliflor comience a dorarse. Agregue el agua, el ajo y una pizca de sal. Tape y cocine a fuego lento hasta que la coliflor esté tierna al pincharla con un cuchillo y el agua se haya evaporado, unos 10 minutos.

3. Agregue las aceitunas, las anchoas y el perejil y mezcle bien. Cocine sin tapar 2 minutos más, revolviendo ocasionalmente. Servir caliente.

Coliflor Con Perejil Y Cebolla

Cavolfiore trifolato

Rinde de 4 a 6 porciones

La cebolla, el ajo y el perejil infunden sabor a esta coliflor mientras se cocinan juntos al vapor suavemente en la sartén.

1 coliflor mediana (alrededor de 1 1/2 libras)

2 cucharadas de aceite de oliva

1 cebolla mediana, en rodajas finas

2 dientes de ajo, finamente picados

2 cucharadas de agua

1/4 taza de perejil de hoja plana fresco picado

Sal y pimienta negra recién molida

1. Cortar la coliflor en floretes de 2 pulgadas. Corta los extremos de los tallos. Retire la piel dura con un pelador de verduras de hoja giratoria. Corte los tallos gruesos transversalmente en rebanadas de 1/4 de pulgada.

2. En una sartén grande, cocine la cebolla y el ajo en el aceite de oliva y cocine por 5 minutos, revolviendo ocasionalmente.

3. Agrega la coliflor, el agua, el perejil y sal y pimienta al gusto. Mezcle bien. Tape la sartén y cocine 15 minutos más o hasta que la coliflor esté tierna. Servir caliente.

coliflor en salsa de tomate

Cavolfiore en Salsa

Rinde de 6 a 8 porciones

Si lo desea, agregue un puñado de alcaparras escurridas a la salsa para este plato. También es bueno servirlo como salsa para pasta, cubierto con una pizca de pan rallado tostado.

1 coliflor mediana (alrededor de 1 1/2 libras)

1 cebolla mediana, picada

2 dientes de ajo, finamente picados

Una pizca de pimiento rojo triturado

2 cucharadas de aceite de oliva

1 lata (28 onzas) de tomates pelados, picados

Sal

2 cucharadas de albahaca fresca picada o perejil de hoja plana

1.Cortar la coliflor en floretes de 2 pulgadas. Corta los extremos de los tallos. Corte los tallos gruesos transversalmente en rebanadas de 1/4 de pulgada.

2.En una cacerola grande, cocine la cebolla, el ajo y el pimiento rojo picado en el aceite a fuego medio, revolviendo ocasionalmente, hasta que la cebolla esté tierna, aproximadamente 10 minutos. Agregue los tomates. Llevar a fuego lento. Cocine 10 minutos.

3.Agregue la coliflor y la albahaca o el perejil, y sal al gusto. Tape y cocine por 15 minutos, revolviendo ocasionalmente. Destape y cocine 5 minutos más.

Torta De Coliflor

Tortino de Cavolfiore

Hace 6 porciones

Enormes cabezas de coliflor de color blanco cremoso se apilan en el mercado de agricultores de mi localidad cada otoño. Me recuerdan hacer este excelente plato, que probé por primera vez en la Toscana. Cuando se hornea, parece un pastel dorado y se corta perfectamente en cuadrados.

1 coliflor grande (alrededor de 2 libras)

Sal

1/4 taza de aceite de oliva

2 dientes de ajo grandes, finamente picados

3 cucharadas de pan rallado simple y seco

4 huevos grandes

1/2 taza de Parmigiano-Reggiano recién rallado

Pimienta negra recién molida

1. Cortar la coliflor en floretes de 2 pulgadas. Corta los extremos de los tallos. Corte los tallos gruesos transversalmente en rebanadas de 1/4 de pulgada.

2. Traiga una olla grande con agua a hervir. Añade la coliflor y sal al gusto. Cocine hasta que la coliflor esté blanda, unos 15 minutos. Escurrir bien. Coloca la coliflor en un tazón grande y tritúrala con un machacador de papas o con el dorso de una cuchara. No debe quedar perfectamente liso.

3. Vierta el aceite en una sartén pequeña. Agregue el ajo y cocine a fuego medio hasta que esté dorado, aproximadamente 2 minutos. Raspe el ajo y el aceite en la coliflor y revuelva bien.

4. Coloque una rejilla en el centro del horno. Precaliente el horno a 400°F. Engrase un molde para hornear cuadrado de 9 pulgadas. Espolvorea la sartén con una cucharada de migas. Batir los huevos, el queso y sal y pimienta al gusto. Revuelva la mezcla de huevo en la coliflor. Raspe la mezcla en la sartén y alise la parte superior. Espolvorear con las migas restantes.

5. Hornee de 30 a 35 minutos o hasta que al insertar un cuchillo en el centro, éste salga limpio y la parte superior esté ligeramente dorada. Dejar enfriar 10 minutos. Cortar en cuadrados y servir caliente oa temperatura ambiente.

Coles De Bruselas Con Mantequilla

Cavolini di Bruxelles al Burro

Rinde de 4 a 6 porciones

Cuando hierva las coles de Bruselas, es importante no cocinarlas demasiado, ya que su sabor y olor se volverán abrumadores. Agregue jugo de limón, hierbas, ajo o mostaza a la mantequilla si lo desea. También puedes espolvorear los brotes con mantequilla con Parmigiano-Reggiano y dejarlos tapados por un minuto hasta que el queso se derrita.

1 libra de coles de Bruselas

Sal

2 cucharadas de mantequilla sin sal

Pimienta negra recién molida

1. Con un cuchillo pequeño, corte una rebanada delgada de la base de las coles de Bruselas. Córtalos por la mitad a través de la base.

2. Traiga una olla grande con agua a hervir. Agregue las coles de Bruselas y sal al gusto. Cocine hasta que los brotes estén tiernos al pincharlos con un cuchillo, de 6 a 8 minutos.

3. Derrita la mantequilla en una sartén grande a fuego medio. Agrega los brotes y sal y pimienta al gusto. Cocine de 2 a 3 minutos, agitando la sartén de vez en cuando. Servir caliente.

Calabacín Relleno De Atún

Calabacín al Tonno

Hace 6 porciones

Los tomé como aperitivo en un restaurante rural en la Toscana. A menudo los sirvo como plato principal con una ensalada verde.

2 rebanadas de pan italiano o francés del día anterior, sin corteza (alrededor de 1/3 taza de pan)

1/2 taza de leche

6 calabacines pequeños, recortados

1 lata (61/2 onzas) de atún empacado en aceite de oliva

1/4 taza de Parmigiano-Reggiano recién rallado más 2 cucharadas

1 diente de ajo, finamente picado

2 cucharadas de perejil fresco de hoja plana finamente picado

Nuez moscada recién rallada

Sal y pimienta negra recién molida

1 huevo grande, ligeramente batido

1. Coloque una rejilla en el centro del horno. Precaliente el horno a 425°F. Engrase un molde para hornear lo suficientemente grande como para contener las mitades de calabacín en una sola capa.

2. Rocíe el pan con la leche y déjelo en remojo hasta que se ablande. Frote los calabacines con un cepillo bajo el chorro de agua fría. Recorta los extremos.

3. Cortar los calabacines por la mitad a lo largo. Con una cuchara pequeña, saque la pulpa, dejando una cáscara de 1/4 de pulgada, y déjela a un lado. Coloque las cáscaras de calabacín con el lado cortado hacia arriba en la fuente preparada. Picar la pulpa de calabacín y colocarla en un bol.

4. Escurrir el atún, reservando el aceite. Triture el atún en un tazón grande. Exprime el pan y añádelo al atún junto con la pulpa de calabacín picada, 1/4 taza de queso, ajo, perejil, nuez moscada y sal y pimienta al gusto. Mezclar bien. Agregue el huevo.

5. Vierta la mezcla en las cáscaras de calabacín. Disponer los calabacines en el molde para hornear. Rocíe con un poco del aceite de atún reservado. Espolvorear con el queso restante. Vierta 1/2 taza de agua alrededor del calabacín.

6. Hornee de 30 a 40 minutos o hasta que las calabacitas estén doradas y tiernas al pincharlas con un cuchillo. Servir tibio o a temperatura ambiente.

Calabacín frito

frita de calabacín

Hace 6 porciones

La cerveza le da buen sabor y color a esta masa, mientras que las burbujas la hacen ligera. La masa también es buena para freír pescado, aros de cebolla y otras verduras.

6 calabacines pequeños

1 taza de harina para todo uso

2 huevos grandes

¼ taza de cerveza

Aceite vegetal para freír

Sal

1. Frote los calabacines con un cepillo bajo el chorro de agua fría. Recorta los extremos. Corte los calabacines en tiras de 2 × 1/4 × 1/4 pulgadas.

2. Esparce la harina en una hoja de papel encerado. En un tazón mediano poco profundo, bata los huevos hasta que estén espumosos. Batir en la cerveza hasta que esté bien mezclado.

3. Vierta aproximadamente 2 pulgadas del aceite en una cacerola profunda y pesada o en una freidora siguiendo las instrucciones del fabricante. Caliente el aceite a fuego medio hasta que una gota de la mezcla de huevo chisporrotee cuando se agregue a la sartén y la temperatura alcance los 370 °F en un termómetro para freír.

4. Reboza aproximadamente una cuarta parte de las tiras de calabacín en harina y luego sumérgelas en la mezcla de huevo.

5. Sujetando los calabacines con pinzas, deje que se escurra el exceso de masa, luego coloque los calabacines en el aceite, una pieza a la vez. Agregue solo los que quepan sin amontonarse. Freír los calabacines hasta que estén crujientes y dorados, aproximadamente 2 minutos. Retire el calabacín con una espumadera. Escurrir sobre toallas de papel. Mantener caliente en un horno bajo mientras se fríe el resto.

6. Espolvorear con sal y servir caliente.

Flanes De Calabacín

Sformato de calabacín

Hace 6 porciones

Necesitarás seis cazuelitas o vasitos para horno para hacer estos delicados flanes. Sírvelos como guarnición con asados o con jamón para un brunch de primavera. Normalmente los dejo reposar uno o dos minutos y luego los desmoldo, pero si los sirves recién salidos del horno y aún inflados, quedan como un buen soufflé de primer plato. Date prisa, sin embargo; se hunden rápido.

Puede sustituir el calabacín por brócoli, espárragos, zanahorias u otras verduras.

1 cucharada de mantequilla sin sal, derretida

3 calabacines medianos, cortados en rodajas gruesas

4 huevos grandes, separados

1/2 taza de Parmigiano-Reggiano rallado

Pizca de sal

Una pizca de nuez moscada molida

1. Frote los calabacines con un cepillo bajo el chorro de agua fría. Recorta los extremos.

2. Coloque una rejilla en el centro del horno. Precaliente el horno a 350°F. Cepille generosamente seis moldes de 4 onzas o tazas de flan resistentes al horno con la mantequilla derretida.

3. Traiga una olla grande con agua a hervir. Agregue el calabacín y lleve a fuego lento. Cocine 1 minuto. Escurrir bien los calabacines. Seque las piezas con toallas de papel. Pase el calabacín por un pasapurés o mezcle en un procesador hasta que quede suave. Transfiera el puré de calabacín a un tazón grande.

4. Agregue las yemas de huevo, el queso parmesano, la sal y la nuez moscada al calabacín y revuelva bien.

5. En un tazón grande, con una batidora eléctrica, bata las claras de huevo hasta que tengan picos suaves cuando se levante la batidora. Con una espátula de goma, incorpore suavemente las claras a la mezcla de calabacín.

6. Verter la mezcla en los vasos. Hornee de 15 a 20 minutos o hasta que la parte superior esté ligeramente manchada de color marrón y al insertar un cuchillo cerca del centro, éste salga limpio. Retire las tazas del horno. Deje reposar 2 minutos, luego

pase un cuchillo pequeño por el interior de las copas e invierta los flanes en un plato.

Calabaza de invierno agridulce

Fegato dei Sette Cannoli

El nombre siciliano de esta calabaza es "hígado de los siete cañones". El distrito de los Siete Cañones de Palermo, llamado así por una famosa fuente y monumento, alguna vez fue tan pobre que sus residentes no podían comprar carne. Sustituyeron la calabaza en esta receta, que normalmente se prepara con hígado. También se puede hacer con rodajas de calabacín, zanahoria o berenjena.

Planee hacer esto al menos un día antes de servirlo, porque el sabor mejora cuando está. Se mantiene bien durante varios días.

Aunque los sicilianos suelen freír la calabaza, yo prefiero hornearla. Esto también es bueno como antipasto.

1 calabaza pequeña, bellota u otra calabaza de invierno o calabaza, cortada en rodajas de 1/4 de pulgada de grosor

Aceite de oliva

1/3 taza de vinagre de vino tinto

1 cucharada de azúcar

Sal

2 dientes de ajo, picados muy finamente

1/3 taza de perejil fresco picado o menta

1. Enjuague la calabaza y séquela. Corta los extremos con un cuchillo de chef grande y pesado. Retire la piel con un pelador de verduras. Cortar la calabaza por la mitad y sacar las semillas. Corte la calabaza en rodajas de 1/4 de pulgada de grosor. Precaliente el horno a 400°F.

2. Cepille generosamente las rodajas de calabaza por ambos lados con el aceite. Coloque las rebanadas en bandejas para hornear en una sola capa. Hornee 20 minutos o hasta que se ablanden. Voltee las rebanadas y hornee de 15 a 20 minutos más, o hasta que la calabaza esté tierna al pincharla con un cuchillo y esté ligeramente dorada.

3. Mientras tanto, caliente el vinagre, el azúcar y la sal al gusto en una cacerola pequeña. Revuelva hasta que el azúcar y la sal se disuelvan.

4. En una fuente o en un recipiente poco profundo, coloque algunas de las rodajas de calabaza en una sola capa, superponiéndolas ligeramente. Espolvorear con un poco de ajo y perejil. Repita las capas hasta usar toda la calabaza, el ajo y el perejil. Vierta la

mezcla de vinagre sobre todo. Cubra y refrigere por lo menos 24 horas antes de servir.

Vegetales asados

Verdor alla Griglia

Hace 8 porciones

Asar a la parrilla es una de las mejores formas de cocinar las verduras. La parrilla les da un sabor ahumado y las marcas de la parrilla agregan atractivo visual. Corte las verduras en rodajas gruesas o en trozos grandes para que no caigan a través de la rejilla de la parrilla hacia las llamas. Si lo desea, puede aliñarlos con un aderezo de aceite y vinagre antes de servir.

1 berenjena mediana (alrededor de 1 libra) cortada en rodajas de 1/2 pulgada de grosor

Sal

1 cebolla morada o española grande, cortada en rodajas de 1/2 pulgada de grosor

4 champiñones grandes, como portobello, sin tallos

4 tomates medianos, sin corazón y cortados por la mitad transversalmente

2 pimientos morrones rojos o amarillos grandes, sin corazón, sin semillas y cortados en cuartos

Aceite de oliva

Pimienta negra recién molida

6 hojas de albahaca fresca, cortadas en pedacitos

1. Recorta la parte superior e inferior de las berenjenas. Corta la berenjena transversalmente en rodajas de 1/2 pulgada de grosor. Espolvorea generosamente las rodajas de berenjena con sal. Coloque las rebanadas en un colador y déjelas reposar sobre un plato para que se escurran durante 30 minutos. Enjuague la sal con agua fría y seque las rebanadas con toallas de papel.

2. Coloque una parrilla para barbacoa o una rejilla para asar a unas 5 pulgadas de la fuente de calor. Precaliente la parrilla o el asador.

3. Unte las rodajas de vegetales con aceite de oliva y colóquelas con el lado aceitado hacia la fuente de calor. Cocine hasta que esté ligeramente dorado, unos 5 minutos. Dar la vuelta a las rodajas y pincelarlas con aceite. Cocine hasta que estén doradas y tiernas, aproximadamente 4 minutos. Espolvorea las verduras con sal y pimienta.

4. Disponer las verduras en una fuente. Rocíe con aceite adicional y espolvoree con la albahaca. Servir caliente oa temperatura ambiente.

Verduras de raíz de invierno asadas

Verdor al Forno

Hace 6 porciones

Esto se inspiró en las sabrosas verduras bellamente doradas que a menudo acompañan a las carnes asadas en el norte de Italia. Si su sartén no es lo suficientemente grande para contener las verduras en una sola capa, use dos sartenes.

2 nabos medianos, pelados y cortados en cuartos

2 zanahorias medianas, peladas y cortadas en trozos de 1 pulgada

2 chirivías medianas, peladas y cortadas en trozos de 1 pulgada

2 papas medianas para todo uso, cortadas en cuartos

2 cebollas medianas, cortadas en cuartos

4 dientes de ajo, pelados

⅓ taza de aceite de oliva

Sal y pimienta negra recién molida

1.Coloque una rejilla en el centro del horno. Precaliente el horno a 450°F. Combine las verduras cortadas y los dientes de ajo en una asadera grande. Las verduras deben tener solo una capa de profundidad. Use dos sartenes, si es necesario, para que las verduras no se amontonen. Mezcle las verduras con el aceite y salpimente al gusto.

2.Ase las verduras aproximadamente 1 hora y 10 minutos, volteándolas cada 15 minutos más o menos hasta que estén tiernas y doradas.

3.Transfiera las verduras a un plato para servir. Servir caliente.

Guiso de verduras de verano

ciambotta

Sirve de 4 a 6

Durante el verano, voy al mercado de agricultores local varias veces a la semana. Me encanta hablar con los agricultores y probar los muchos productos inusuales que venden. Si no fuera por el mercado, estoy seguro de que nunca hubiera probado cosas como el diente de león rojo, la verdolaga, los cuartos de cordero y tantas otras verduras que no se encuentran en los supermercados. Desafortunadamente, a menudo compro demasiado. Entonces es cuando preparo ciambotta, un guiso de verduras del sur de Italia.

Esta ciambotta en particular es la clásica, una combinación de berenjena, pimientos, papas y tomates. Es maravilloso como guarnición o cubierto con queso rallado como plato principal sin carne. También se puede comer frío untado en pan tostado para crostini y tibio como sándwich relleno con mozzarella en rodajas.

1 cebolla mediana

4 tomates ciruela

2 papas para todo uso, peladas

1 berenjena mediana

1 pimiento rojo mediano

1 pimiento amarillo mediano

Sal y pimienta negra recién molida

3 cucharadas de aceite de oliva

½ taza de hojas de albahaca frescas cortadas o Parmigiano-Reggiano o Pecorino Romano recién rallado (opcional)

1. Recorta las verduras y córtalas en trozos del tamaño de un bocado. En una sartén grande, cocine la cebolla en el aceite a fuego medio-bajo hasta que esté tierna, aproximadamente de 5 a 8 minutos.

2. Agregue los tomates, las papas, las berenjenas y los pimientos. Añadir sal y pimienta al gusto. Tape y cocine, revolviendo ocasionalmente, unos 40 minutos o hasta que todas las verduras estén tiernas y la mayor parte del líquido se haya evaporado. Si la mezcla se vuelve demasiado seca, agregue un par de cucharadas de agua. Si hay demasiado líquido, destape y cocine 5 minutos más.

3.Sirva tibio o a temperatura ambiente, solo o adornado con albahaca o queso.

Variación: Ciambotta con Huevos: Cuando las verduras estén listas, bate de 4 a 6 huevos con sal hasta que se mezclen. Vierta los huevos sobre las verduras. No revuelvas. Cubra la sartén. Cocine hasta que los huevos estén listos, aproximadamente 3 minutos. Servir tibio o a temperatura ambiente.

Cazuela De Verduras En Capas

Teglia de Verdure

Sirve de 6 a 8

Use un plato atractivo para hornear y servir para esta cacerola y sirva las verduras fuera del plato. Va bien con frittatas, pollo y muchos otros platos.

1 berenjena mediana (alrededor de 1 libra), pelada y en rodajas finas

Sal

3 papas medianas para todo uso (alrededor de 1 libra), peladas y en rodajas finas

Pimienta negra recién molida

2 cebollas medianas

1 pimiento rojo y 1 pimiento verde, sin corazón y en rodajas finas

3 tomates medianos, picados

6 hojas de albahaca, cortadas en pedacitos

1/3 taza de aceite de oliva

1. Pelar la berenjena y cortarla en rodajas finas transversales. Coloque las rebanadas en capas en un colador, rociando cada una generosamente con sal. Coloque el colador sobre un plato y déjelo reposar de 30 a 60 minutos para que se escurra. Enjuague las rodajas de berenjena y séquelas.

2. Coloque una rejilla en el centro del horno. Precaliente el horno a 375°F. Engrase generosamente una fuente para hornear de 13 × 9 × 2 pulgadas.

3. Haga una capa de rodajas de papa superpuestas en el fondo del plato. Espolvorear con sal y pimienta. Cubrir las patatas con una capa de berenjena y espolvorear con sal. Agregue capas de cebollas, pimientos y tomates. Espolvorear con sal y pimienta. Esparcir la albahaca por encima. Rocíe con el aceite de oliva.

4. Cubrir con papel aluminio. Hornear 45 minutos. Retire con cuidado la lámina. Cocine 30 minutos más o hasta que se doren y las verduras estén tiernas al pincharlas con un cuchillo. Servir tibio o a temperatura ambiente.

Panes, pizzas, pasteles salados y sándwiches

Buono come il pane, "bueno como el pan", es una antigua forma italiana de describir a alguien o algo muy especial. También ilustra cuán importante es el pan. Todo italiano sabe que el pan es lo último, lo mejor, y nada podría ser mejor que el pan. Ya sea la rosetta, un panecillo redondo seccionado que es todo corteza y poca miga, o la scaletta, panes dorados de trigo duro en forma de escalera de Sicilia horneados en hornos con cáscaras de almendras, los panes italianos tienen un carácter y un sabor maravillosos. Cada región tiene un estilo distintivo. El pan toscano y de Umbría se hace sin sal, lo que lleva un tiempo acostumbrarse. El pan de Altamura en Puglia es dorado pálido y prácticamente un tesoro nacional. La gente de Roma y de los lugares del norte paga precios elevados para conseguirlo. El pan romano está húmedo por dentro y lleno de agujeros, con un crujiente,

Luego están los panes planos: pizza, focaccia, piadina y todas las demás variaciones deliciosas. Cada región tiene su favorito. Nápoles se enorgullece de su reputación como cuna de la pizza moderna, mientras que los genoveses se atribuyen el mérito de la focaccia. En lugar de tener el sabor encima, en el sur de Italia, las tartas saladas hechas con dos capas de pan o masa de pizza horneadas alrededor de un relleno de verduras, carnes o queso son populares y se comen como refrigerio o como comida completa.

Las recetas que siguen son sólo algunas de las muchas posibilidades. Pocos italianos hornean pan en casa, porque cada barrio tiene un forno ("horno") local, como se llama la panadería de pan, donde se hornea pan fresco varias veces al día. Los panes están hechos con masas que crecen lentamente y crean sabores complejos y buena textura y masticabilidad. Debido a que se hornean en hornos que alcanzan temperaturas más altas que las de las cocinas caseras, tienen una corteza crujiente y crujiente.

Las recetas de este capítulo funcionan bien sin mucho equipo especial. Sin embargo, si le gusta hacer panes de levadura, valdría la pena invertir en una piedra para hornear o baldosas para hornear sin esmaltar. Una batidora de servicio pesado equipada con un gancho para masa o un procesador de alimentos de gran capacidad facilita el trabajo de mezclar una masa pesada y pegajosa. También se puede utilizar una panificadora para mezclar y levantar la masa, pero no es adecuada para hornear este tipo de panes.

También he incluido recetas de tartas saladas hechas con queso y verduras. Estos son buenos para un primer plato o con una ensalada para una comida completa.

Los sándwiches son populares para bocadillos y comidas ligeras en toda Italia. Los milaneses han inventado la paninoteca, una tienda de bocadillos donde se pueden pedir las combinaciones que se deseen en todo tipo de pan, para servir tostado o no. La paninoteca es especialmente popular entre la gente más joven, que pasa por bocadillos y cerveza.

En otras partes del país, puedes comer un panino hecho con pan blanco, focaccia o panecillos. A los romanos les encanta el sándwich de tramezzino (corte triangular), delgado y sin corteza, mientras que en Bolonia los sándwiches se preparan en rosette, los panecillos crujientes locales. En mi camino a casa desde Italia, siempre dejo tiempo para hacer una parada en el café del aeropuerto para tomar un sándwich de prosciutto y rúcula portare via, "para llevar", y disfrutarlo en el avión de regreso.

Pan Casero

Panel de Casa

Hace 2 panes

Aquí hay un pan básico de estilo italiano que resulta agradable y crujiente en un horno casero. Debido a que la masa es muy pegajosa, es mejor hacer este pan en una batidora de alta resistencia o en un procesador de alimentos. No caigas en la tentación de agregar más harina a la masa. Debe estar muy húmedo para obtener los resultados correctos, con grandes agujeros en la miga y una corteza crujiente.

1 cucharadita de levadura seca activa

2 tazas de agua tibia (100° a 110°F)

4 1/2 tazas de harina de pan

2 cucharaditas de sal

2 cucharadas de sémola fina

1. Vierta el agua en un tazón de batidora resistente. Espolvorear con la levadura. Deje reposar hasta que la levadura esté cremosa, aproximadamente 2 minutos. Revuelva hasta que la levadura se disuelva.

2. Añadir la harina y la sal. Revuelva bien hasta que se forme una masa suave. La masa debe quedar muy pegajosa. Bate la masa hasta que quede suave y elástica, unos 5 minutos.

3. Aceite el interior de un tazón grande. Raspe la masa en el tazón, volteándola para engrasar la parte superior. Cubra con una envoltura de plástico y deje crecer en un lugar cálido y sin corrientes de aire hasta que duplique su volumen, aproximadamente 1 1/2 horas.

4. Aplane la masa y divídala por la mitad. Forma cada pieza en una bola. Esparza la sémola en una bandeja para hornear grande. Coloque las bolas de masa a varios centímetros de distancia en la bandeja para hornear. Cubra con una envoltura de plástico y deje crecer en un lugar cálido y sin corrientes de aire hasta que se duplique, aproximadamente 1 hora.

5. Coloque la rejilla en el centro del horno. Precaliente el horno a 450°F. Con una hoja de afeitar o un cuchillo muy afilado, corte una X en la parte superior de cada pan. Transferir la masa a la piedra para hornear. Hornee hasta que las hogazas estén doradas y suenen huecas al golpearlas en el fondo, 40 minutos.

6. Deslice los panes sobre rejillas para que se enfríen por completo. Guarde envuelto en papel de aluminio hasta 24 horas a temperatura ambiente o en el congelador hasta un mes.

Pan de Hierbas

Pane alle Erbe

Hace un pan de 12 pulgadas

En la ciudad de Forlimpopoli, en Emilia-Romagna, comí en un restaurante que una pareja joven había abierto en una villa del siglo XVII. Antes de la comida, trajeron un delicioso pan de hierbas. Cuando le pregunté al respecto, la cocinera compartió gustosamente la receta y me aconsejó que para obtener mejores resultados, debería salir al jardín al amanecer para recoger las hierbas mientras aún estaban húmedas con el rocío de la mañana. Pero aun así obtendrá buenos resultados con hierbas recogidas frescas del supermercado.

1 sobre (2 1/2 cucharaditas) de levadura seca activa o 2 cucharaditas de levadura instantánea

1 taza de agua tibia (100° a 110°F)

2 cucharadas de mantequilla sin sal, derretida y enfriada

Alrededor de 2 1/2 tazas de harina para todo uso sin blanquear

1 cucharada de azúcar

1 cucharadita de sal

1 cucharada de perejil de hoja plana fresco picado

1 cucharada de menta fresca picada

1 cucharada de tomillo fresco picado

1 cucharada de cebollín fresco picado

1 yema de huevo más 1 cucharada de agua

1. Vierta el agua en un tazón grande. Espolvorear con la levadura. Deje reposar hasta que la levadura esté cremosa, aproximadamente 2 minutos. Revuelva hasta que la levadura se disuelva.

2. Agregue la mantequilla y 2 tazas de harina, el azúcar y la sal y revuelva hasta que se forme una masa suave. Volcamos la masa sobre una superficie ligeramente enharinada. Espolvorear con las hierbas y amasar hasta que quede suave y elástica, unos 10 minutos, añadiendo más harina según sea necesario para hacer una masa húmeda pero no pegajosa. (O haga la masa en una batidora de alta resistencia, un procesador de alimentos o una máquina para hacer pan siguiendo las instrucciones del fabricante).

3. Aceite el interior de un tazón grande. Ponga la masa en el recipiente, girándola una vez para engrasar la parte superior. Cubra con una envoltura de plástico y deje crecer en un lugar cálido hasta que duplique su volumen, aproximadamente 1 hora.

4. Engrase una bandeja para hornear grande. Coloque la masa sobre una superficie ligeramente enharinada y aplánela con las manos para eliminar las burbujas de aire. Enrolle la masa entre sus manos para formar una cuerda de aproximadamente 12 pulgadas de largo. Coloque la masa en la bandeja para hornear. Cubra con una envoltura de plástico y deje crecer hasta que se duplique, aproximadamente 1 hora.

5. Coloque la rejilla en el centro del horno. Precaliente el horno a 400°F. Pincelar la masa con la mezcla de yema de huevo. Con una navaja o un cuchillo muy afilado, corte 4 cortes en la parte superior. Hornee hasta que la hogaza esté dorada y suene hueca al golpearla en el fondo, unos 30 minutos.

6. Deslice el pan sobre una rejilla para que se enfríe por completo. Envuélvelo en papel aluminio y guárdalo a temperatura ambiente hasta por 24 horas, o congélalo hasta por 1 mes.

Pan de Queso Estilo Marches

Ciaccia

Hace un pan redondo de 9 pulgadas

Puede que la región de Marches, en el centro de Italia, no sea muy conocida en lo que a comida se refiere, pero tiene mucho que ofrecer. A lo largo de la costa hay excelentes mariscos, mientras que en el interior, donde hay montañas escarpadas, la cocina es abundante y cuenta con carne de caza y trufas. Una especialidad local es el ciauscolo, una salchicha suave hecha con carne de cerdo muy finamente molida, condimentada con ajo y especias que se puede untar en el pan. Este sabroso pan elaborado con dos tipos de queso se sirve como aperitivo o como aperitivo con una copa de vino. Es ideal para un picnic, con huevos duros, salami y ensalada.

1 sobre (2 1/2 cucharaditas) de levadura seca activa o 2 cucharaditas de levadura instantánea

1 taza de leche tibia (100° a 110°F)

2 huevos grandes, batidos

2 cucharadas de aceite de oliva

1/2 taza de Pecorino Romano recién rallado

½ taza de Parmigiano-Reggiano recién rallado

Alrededor de 3 tazas de harina para todo uso sin blanquear

½ cucharadita de sal

½ cucharadita de pimienta negra recién molida

1. En un tazón grande, espolvorea la levadura sobre la leche. Deje reposar hasta que la levadura esté cremosa, aproximadamente 2 minutos. Revuelva hasta que la levadura se disuelva.

2. Agrega los huevos, el aceite y los quesos y bate bien. Con una cuchara de madera, agregue la harina, la sal y la pimienta hasta que se forme una masa suave. Volcamos la masa sobre una superficie ligeramente enharinada. Amasar hasta que quede suave y elástica, aproximadamente 10 minutos, agregando más harina según sea necesario para hacer una masa húmeda pero no pegajosa. (O haga la masa en una batidora de alta resistencia, procesador de alimentos o panificadora siguiendo las instrucciones del fabricante). Forme una bola con la masa.

3. Aceite el interior de un tazón grande. Coloque la masa en el recipiente, girándola una vez para engrasar la parte superior. Cubra con plástico y deje crecer 1 1/2 horas o hasta que doble su volumen.

4. Presione la masa hacia abajo para eliminar las burbujas de aire. Forma la masa en una bola.

5. Engrasa un molde desmontable de 9 pulgadas. Agregue la masa, cubra y deje crecer nuevamente hasta que se duplique, aproximadamente 45 minutos.

6. Coloque la rejilla en el centro del horno. Precaliente el horno a 375°F. Pintar la parte superior de la masa con la yema de huevo. Hornear hasta que estén doradas, unos 35 minutos.

7. Deje enfriar 10 minutos en la sartén. Retire los lados de la sartén, luego deslice el pan sobre una rejilla para que se enfríe por completo. Envuélvelo en papel aluminio y guárdalo a temperatura ambiente hasta por 24 horas, o congélalo hasta por 1 mes.

Rollitos De Maíz Dorado

panini de oro

Rinde de 8 a 10 porciones

Los panecillos redondos cubiertos con medio tomate cherry obtienen su color dorado de la harina de maíz. A la masa se le da forma de bolas, que se fusionan en un solo pan mientras se hornean. Los rollos se pueden servir como una hogaza entera, con cada uno arrancando los suyos. Estos son especialmente buenos para una cena de sopa o con queso.

1 sobre (2 1/2 cucharaditas) de levadura seca activa o 2 cucharaditas de levadura instantánea

1/2 taza de agua tibia (100° a 110°F)

1/2 taza de leche

1/4 taza de aceite de oliva

Alrededor de 2 tazas de harina para todo uso sin blanquear

1/2 taza de harina de maíz amarilla fina

1 cucharadita de sal

10 tomates cherry, cortados a la mitad

1. En un tazón grande, espolvorea la levadura sobre el agua. Deje reposar hasta que la levadura esté cremosa, aproximadamente 2 minutos. Revuelva hasta que la levadura se disuelva. Agregue la leche y 2 cucharadas de aceite.

2. En un tazón grande, mezcle la harina, la harina de maíz y la sal.

3. Agregue los ingredientes secos al líquido y revuelva hasta que se forme una masa. Volcamos la masa sobre una superficie ligeramente enharinada. Amasar hasta que quede suave y elástica, aproximadamente 10 minutos, agregando más harina según sea necesario para hacer una masa húmeda y ligeramente pegajosa. (O haga la masa en una batidora de alta resistencia, procesador de alimentos o panificadora siguiendo las instrucciones del fabricante). Forme una bola con la masa.

4. Aceite el interior de un tazón grande. Agregue la masa, volteando una vez para engrasar la parte superior. Cubra con una envoltura de plástico y deje crecer 1 1/2 horas en un lugar cálido y sin corrientes de aire.

5. Engrasa un molde desmontable de 10 pulgadas. Presione la masa hacia abajo para eliminar las burbujas de aire. Cortar la masa en cuartos. Corta cada cuarto en 5 piezas iguales. Enrolle

cada pieza en una bola. Acomoda las piezas en la sartén. Presiona un medio tomate con el lado cortado hacia abajo en el centro de cada trozo de masa. Cubra con una envoltura de plástico y deje crecer en un lugar cálido durante 45 minutos o hasta que se duplique.

6. Coloque la rejilla en el centro del horno. Precaliente el horno a 400°F. Rocíe la masa con las 2 cucharadas restantes de aceite de oliva. Hornea 30 minutos o hasta que estén doradas.

7. Retire los lados de la sartén. Deslice los rollos sobre una rejilla para que se enfríen. Envuélvelo en papel aluminio y guárdalo a temperatura ambiente hasta por 24 horas, o congélalo hasta por 1 mes.

Pan de Aceitunas Negras

Panel de oliva

Hace dos panes de 12 pulgadas

Este pan se elabora con un entrante, una mezcla de harina, agua y levadura. El iniciador sube por separado y se agrega a la masa para darle un sabor extra al pan. Planee hacer el iniciador al menos 1 hora o hasta un día antes.

Aunque generalmente uso sabrosas aceitunas negras italianas para esta receta, también se pueden usar aceitunas verdes. O pruebe una mezcla de varios tipos diferentes de aceitunas. Este pan es popular en la región del Véneto.

1 sobre (21/2 cucharaditas) de levadura seca activa o 2 cucharaditas de levadura instantánea

2 tazas de agua tibia (100° a 110°F)

Alrededor de 41/2 tazas de harina para todo uso sin blanquear

1/2 taza de harina de trigo integral

2 cucharaditas de sal

2 cucharadas de aceite de oliva

1 1/2 tazas de aceitunas negras sabrosas, como Gaeta, sin hueso y picadas en trozos grandes

1. En un tazón mediano, espolvorea la levadura sobre 1 taza de agua. Deje reposar hasta que la levadura esté cremosa, aproximadamente 2 minutos. Revuelva hasta que la levadura se disuelva. Agregue 1 taza de harina para todo uso. Cubra con una envoltura de plástico y deje reposar en un lugar fresco hasta que burbujee, aproximadamente 1 hora o toda la noche. (Si hace calor, coloque el iniciador en el refrigerador. Retírelo aproximadamente 1 hora antes de hacer la masa).

2. En un tazón grande, mezcle las 3 1/2 tazas restantes de harina para todo uso, la harina de trigo integral y la sal. Agregue el iniciador, la 1 taza restante de agua tibia y el aceite. Con una cuchara de madera, revuelve hasta que se forme una masa suave.

3. Voltee la masa sobre una superficie ligeramente enharinada y amase hasta que esté suave y elástica, aproximadamente 10 minutos, agregando más harina según sea necesario para hacer una masa húmeda y ligeramente pegajosa. (O haga la masa en una batidora de alta resistencia, procesador de alimentos o

panificadora siguiendo las instrucciones del fabricante). Forme una bola con la masa.

4. Aceite el interior de un tazón grande. Agregue la masa, girándola una vez para engrasar la parte superior. Cubra con una envoltura de plástico y deje crecer en un lugar cálido hasta que duplique su volumen, aproximadamente 1 1/2 horas.

5. Engrase una bandeja para hornear grande. Aplane la masa para eliminar las burbujas de aire. Amasar brevemente en las aceitunas. Divida la masa en dos y forme cada pieza en un pan de aproximadamente 12 pulgadas de largo. Coloque los panes a varias pulgadas de distancia en la bandeja para hornear preparada. Cubra con una envoltura de plástico y deje crecer hasta que doble su volumen, aproximadamente 1 hora.

6. Coloque la rejilla en el centro del horno. Precaliente el horno a 400°F. Con una hoja de afeitar de un solo filo o un cuchillo afilado, haga 3 o 4 cortes diagonales en la superficie de cada pan. Hornea de 40 a 45 minutos o hasta que estén doradas.

7. Deslice los panes sobre una rejilla para que se enfríen. Envuélvelo en papel aluminio y guárdalo a temperatura ambiente hasta por 24 horas, o congélalo hasta por 1 mes.

Pan Stromboli

Rotolo di Pane

Hace dos panes de 10 pulgadas

Por lo que sé, este pan relleno de queso y embutidos es una creación italoamericana, posiblemente inspirada en la bonata siciliana, masa de pan envuelta alrededor de un relleno y horneada en forma de barra. Stromboli es un famoso volcán siciliano, por lo que el nombre probablemente sea una referencia al hecho de que el relleno sale de las rejillas de ventilación de vapor, parecido a la lava fundida. Sirve el pan como aperitivo o tentempié.

1 cucharadita de levadura seca activa o 2 cucharaditas de levadura instantánea

¾ taza de agua tibia (100° a 110°F)

Alrededor de 2 tazas de harina para todo uso sin blanquear

1 cucharadita de sal

4 onzas de queso provolone suave o suizo en rodajas

2 onzas de salami en rodajas finas

4 onzas de jamón rebanado

1 yema de huevo batida con 2 cucharadas de agua

1. En un tazón grande, espolvorea la levadura sobre el agua. Deje reposar hasta que la levadura esté cremosa, aproximadamente 2 minutos. Revuelva hasta que la levadura se disuelva.

2. Añadir la harina y la sal. Con una cuchara de madera, revuelve hasta que se forme una masa suave. Voltee la masa sobre una superficie ligeramente enharinada y amase hasta que esté suave y elástica, aproximadamente 10 minutos, agregando más harina según sea necesario para hacer una masa húmeda pero no pegajosa. (O haga la masa en una batidora de alta resistencia, un procesador de alimentos o una máquina para hacer pan siguiendo las instrucciones del fabricante).

3. Aceite el interior de un tazón grande. Agregue la masa al tazón, girándola una vez para engrasar la parte superior. Cubra con una envoltura de plástico. Colóquelo en un lugar cálido y sin corrientes de aire y déjelo crecer hasta que se duplique, aproximadamente 1 1/2 horas.

4. Retirar la masa del recipiente y aplanarla suavemente para eliminar las burbujas de aire. Cortar la masa por la mitad y darle forma de dos bolas. Coloque las bolas en una superficie

enharinada y cubra cada una con un tazón. Deje crecer 1 hora o hasta que se duplique.

5. Coloque una rejilla para horno en el centro del horno. Precaliente el horno a 400°F. Engrase una bandeja para hornear grande.

6. En una superficie ligeramente enharinada con un rodillo, aplane una pieza de la masa en un círculo de 12 pulgadas. Disponer la mitad de las lonchas de queso sobre la masa. Cubra con la mitad del jamón y el salami. Enrolle bien la masa y el relleno en un cilindro. Pellizque la costura para sellar. Coloque el rollo con la costura hacia abajo en la bandeja para hornear. Dobla los extremos de la masa debajo del rollo. Repita con los ingredientes restantes.

7. Cepille los rollos con la mezcla de yema de huevo. Con un cuchillo, corte 4 cortes poco profundos espaciados uniformemente en la parte superior de la masa. Hornea de 30 a 35 minutos o hasta que estén doradas.

8. Transfiera a rejillas para enfriar un poco. Servir caliente, cortado en rodajas diagonales. Envuélvelo en papel aluminio y guárdalo a temperatura ambiente hasta por 24 horas, o congélalo hasta por 1 mes.

Pan de Queso con Nueces

pan nociato

Hace dos panes redondos de 8 pulgadas

Con salame, aceitunas y una botella de vino tinto, este pan de Umbría es una excelente comida. Esta versión es salada, pero en Todi, una de las ciudades medievales más bellas de la región, tenía una versión dulce que se preparaba con vino tinto, especias y pasas, y se horneaba en hojas de parra.

1 sobre (21/2 cucharaditas) de levadura seca activa o 2 cucharaditas de levadura instantánea

2 tazas de agua tibia (100° a 110°F)

Alrededor de 41/2 tazas de harina para todo uso sin blanquear

1/2 taza de harina de trigo integral

2 cucharaditas de sal

2 cucharadas de aceite de oliva

1 taza de pecorino toscano rallado

1 taza de nueces picadas, tostadas

1. En un tazón mediano, espolvorea la levadura sobre 1 taza de agua. Deje reposar hasta que la levadura esté cremosa, aproximadamente 2 minutos. Revuelva hasta que la levadura se disuelva.

2. En un tazón grande, mezcle 4 tazas de harina para todo uso, la harina de trigo integral y la sal. Agregue la mezcla de levadura, la 1 taza restante de agua tibia y el aceite. Revuelva con una cuchara de madera hasta que se forme una masa suave. Voltee la masa sobre una superficie ligeramente enharinada y amase hasta que esté suave y elástica, aproximadamente 10 minutos, agregando más harina según sea necesario para hacer una masa húmeda y ligeramente pegajosa. (O haga la masa en una batidora de alta resistencia, un procesador de alimentos o una máquina para hacer pan siguiendo las instrucciones del fabricante).

3. Aceite el interior de un tazón grande. Agregue la masa, girándola una vez para engrasar la parte superior. Cubra con una envoltura de plástico y deje crecer en un lugar cálido hasta que duplique su volumen, aproximadamente 1 1/2 horas.

4. Engrase una bandeja para hornear grande. Aplane la masa para eliminar las burbujas de aire. Esparce el queso y las nueces por encima y amasa solo para distribuir los ingredientes. Divida la masa en dos y forme cada pieza en un pan redondo. Coloque los

panes a varias pulgadas de distancia en la bandeja para hornear preparada. Cubra con una envoltura de plástico y deje crecer hasta que doble su volumen, aproximadamente 1 hora.

5. Coloque la rejilla del horno en el centro del horno. Precaliente el horno a 400°F. Con una hoja de afeitar de un solo filo o un cuchillo afilado, haga 3 o 4 cortes diagonales en la superficie de cada pan. Hornee hasta que estén doradas y los panes suenen huecos cuando los golpee en el fondo, aproximadamente de 40 a 45 minutos.

6. Deslice los panes sobre una rejilla para que se enfríen por completo. Servir a temperatura ambiente. Envuélvalo en papel aluminio y guárdelo a temperatura ambiente hasta 24 horas o congélelo hasta 1 mes.

Rollos De Tomate

Panini al Pomodoro

Hace 8 rollos

La pasta de tomate tiñe estos rollos de un agradable rojo anaranjado y agrega un toque de sabor a tomate. Me gusta usar la pasta de tomate de doble concentración que se vende en tubos como pasta de dientes. Tiene buen sabor a tomate dulce y, como la mayoría de las recetas requieren solo una cucharada o dos de la pasta, puede usar la cantidad que necesite, luego cierre el tubo y guárdelo en el refrigerador, a diferencia de la pasta de tomate enlatada.

Aunque no suelo pensar en el Véneto cuando pienso en tomates, estos rollos son populares allí.

1 sobre (2 1/2 cucharaditas) de levadura seca activa o 2 cucharaditas de levadura instantánea

1/2 taza más 3/4 taza de agua tibia (100° a 110°F)

1/4 taza de pasta de tomate

2 cucharadas de aceite de oliva

Alrededor de 23/4 tazas de harina para todo uso sin blanquear

2 cucharaditas de sal

1 cucharadita de orégano seco, desmenuzado

1. En un tazón mediano, espolvorea la levadura sobre 1/2 taza de agua. Deje reposar hasta que la levadura esté cremosa, aproximadamente 2 minutos. Revuelva hasta que la levadura se disuelva. Agregue la pasta de tomate y el resto del agua y revuelva hasta que quede suave. Agregue el aceite de oliva.

2. En un tazón grande, mezcle la harina, la sal y el orégano.

3. Vierta el líquido en los ingredientes secos. Con una cuchara de madera, revuelve hasta que se forme una masa suave. Voltee la masa sobre una superficie ligeramente enharinada y amase hasta que esté suave y elástica, aproximadamente 10 minutos, agregando más harina según sea necesario para hacer una masa húmeda y ligeramente pegajosa. (O haga la masa en una batidora de alta resistencia, un procesador de alimentos o una máquina para hacer pan siguiendo las instrucciones del fabricante).

4. Aceite el interior de un tazón grande. Agregue la masa, girándola una vez para engrasar la parte superior. Cubra con una

envoltura de plástico y deje crecer 11/2 horas o hasta que se duplique.

5. Engrase una bandeja para hornear grande. Aplane la masa para eliminar las burbujas de aire. Cortar la masa en 8 piezas iguales. Forma cada pieza en una bola. Coloque las bolas a varias pulgadas de distancia en la bandeja para hornear. Cubra con una envoltura de plástico y deje crecer hasta que se duplique, aproximadamente 1 hora.

6. Coloque la rejilla en el centro del horno. Precaliente el horno a 400°F. Hornee hasta que los rollos estén dorados y suenen huecos al golpearlos en la parte inferior, aproximadamente 20 minutos.

7. Deslice los rollos sobre una rejilla para que se enfríen por completo. Sirva a temperatura ambiente. Almacenar envuelto en papel de aluminio hasta 24 horas, o congelar hasta 1 mes.

Brioche Campestre

Brioche Rústico

Hace 8 porciones

La masa de brioche rica en mantequilla y huevo, probablemente introducida por los cocineros franceses en Nápoles alrededor de 1700, se realza con jamón picado y queso. Este sabroso pan es un buen antipasto o sírvelo con una ensalada antes o después de una comida. Tenga en cuenta que esta masa se bate hasta que quede suave y no amasada.

1/2 taza de leche tibia (100° a 110°F)

1 sobre (21/2 cucharaditas) de levadura seca activa o 2 cucharaditas de levadura instantánea

4 cucharadas (1/2 barra) de mantequilla sin sal, a temperatura ambiente

1 cucharada de azúcar

1 cucharadita de sal

2 huevos grandes, a temperatura ambiente

Alrededor de 21/2 tazas de harina para todo uso sin blanquear

½ taza de mozzarella fresca picada, seca si está húmeda

½ taza de queso provolone picado

½ taza de jamón picado

1. Vierta la leche en un tazón pequeño y espolvoree la levadura. Deje reposar hasta que la levadura esté cremosa, aproximadamente 2 minutos. Revuelva hasta que la levadura se disuelva.

2. En un tazón grande para batidora de servicio pesado o en un procesador de alimentos, bata la mantequilla, el azúcar y la sal hasta que se mezclen. Batir los huevos. Con una cuchara de madera, agregue la mezcla de leche. Agregue la harina y bata hasta que quede suave. La masa estará pegajosa.

3. En una superficie ligeramente enharinada, forma la masa en una bola. Cubra con un recipiente invertido y deje reposar 30 minutos.

4. Unte con mantequilla y enharine un tubo de 10 pulgadas o un molde Bundt.

5. Enharina ligeramente un rodillo. Estire la masa en un rectángulo de 22 × 8 pulgadas. Esparza el queso y la carne sobre la masa, dejando un borde de 1 pulgada en los lados largos. Comenzando

por un lado largo, enrolle bien la masa para formar un cilindro. Pellizque la costura para sellar. Coloque el rollo con la costura hacia abajo en la fuente preparada. Pellizque los extremos para sellar. Cubra la sartén con una envoltura de plástico. Deje que la masa suba en un lugar cálido y sin corrientes de aire hasta que se duplique, aproximadamente 1 1/2 horas.

6. Coloque la rejilla del horno en el centro del horno. Precaliente el horno a 350°F. Hornee hasta que las hogazas estén doradas y suenen huecas al golpearlas en el fondo, aproximadamente 35 minutos.

7. Deslice los panes sobre una rejilla para que se enfríen por completo. Servir a temperatura ambiente. Envuélvelo en papel aluminio y guárdalo a temperatura ambiente hasta por 24 horas, o congélalo hasta por 1 mes.

Pan de papel con música sarda

Carta da Música

Rinde de 8 a 12 porciones

Las hojas grandes de pan fino como el papel se llaman "papel de música" en Cerdeña, porque en un tiempo el pan, como el papel, se enrollaba para facilitar su almacenamiento. Los sardos parten las hojas en trozos más pequeños para comerlas con las comidas o como refrigerio con queso suave de cabra u oveja, o remojarlas en sopa o cubrirlas con salsas como la pasta. La harina de sémola se puede encontrar en muchas tiendas especializadas o en catálogos como el King Arthur Flour Baker's Catalog (verFuentes).

Alrededor de 1 1/4 tazas de harina para pan o para todo uso sin blanquear

1 1/4 tazas de harina de sémola fina

1 cucharadita de sal

1 taza de agua tibia

1. En un tazón grande, combine la harina para todo uso o para pan, la harina de sémola y la sal. Con una cuchara de madera, agregue el agua hasta que la mezcla forme una masa suave.

2. Raspe la masa sobre una superficie ligeramente enharinada. Amasar la masa, agregando harina adicional según sea necesario, para formar una masa dura que sea suave y elástica, aproximadamente 5 minutos. Forma la masa en una bola. Cubra con un recipiente invertido y deje reposar a temperatura ambiente durante 1 hora.

3. Coloque la rejilla en el centro del horno. Precaliente el horno a 450°F.

4. Divide la masa en seis partes. Con un rodillo sobre una superficie ligeramente enharinada, extienda un trozo de masa en un círculo de 12 pulgadas, lo suficientemente delgado como para que pueda ver su mano a través de él cuando la masa se sostenga contra la luz. Coloque la masa sobre el rodillo para levantarla. Coloque la masa en una bandeja para hornear sin engrasar, teniendo cuidado de alisar las arrugas.

5. Hornee unos 2 minutos o hasta que la parte superior del pan esté firme. Proteja una mano con una agarradera y sosteniendo una espátula grande de metal en la otra mano, dé vuelta la masa. Hornea unos 2 minutos más o hasta que estén ligeramente doradas.

6. Transfiera el pan a una rejilla para que se enfríe por completo. Repita con la masa restante.

7. Para servir, parta cada hoja en 2 o 4 pedazos. Guarde las sobras en un lugar seco en una bolsa de plástico bien cerrada.

Variación: Para servir como aperitivo, recaliente el pan en una bandeja para hornear en un horno bajo durante 5 minutos o hasta que esté tibio. En un plato, apilar las piezas, rociando cada capa con aceite de oliva virgen extra y sal gruesa o romero fresco picado. Servir tibio.

Pan plano de cebolla roja

Focaccia alle Cipolle Rosso

Rinde de 8 a 10 porciones

La masa de esta focaccia es muy húmeda y pegajosa, por lo que se mezcla entera en un bol sin amasar. Mézclelo a mano con una cuchara de madera o use una batidora eléctrica de alta resistencia, un procesador de alimentos o una panificadora. Una subida larga y lenta le da a este pan un sabor delicioso y una textura ligera como de torta. Aunque la mayoría de las focaccias saben mejor tibias, esta es tan húmeda que aguanta incluso a temperatura ambiente.

1 sobre (21/2 cucharaditas) de levadura seca activa o levadura instantánea

1/2 taza de agua tibia (100° a 110°F)

11/2 tazas de leche, a temperatura ambiente

6 cucharadas de aceite de oliva

Alrededor de 5 tazas de harina para todo uso sin blanquear

2 cucharadas de romero fresco finamente picado

2 cucharaditas de sal

½ taza de cebolla roja picada en trozos grandes

1. En un tazón mediano, espolvorea la levadura sobre el agua tibia. Deje reposar hasta que la levadura esté cremosa, aproximadamente 2 minutos. Revuelva hasta que la levadura se disuelva. Agregue la leche y 4 cucharadas de aceite y revuelva para combinar.

2. En un tazón grande para batidora resistente o en un procesador de alimentos, mezcle la harina, el romero y la sal. Agregue la mezcla de levadura y revuelva hasta que se forme una masa suave. Amasar hasta que quede suave y elástica, alrededor de 3 a 5 minutos. La masa estará pegajosa.

3. Aceitar un bol grande. Raspe la masa en el tazón y cúbralo con una envoltura de plástico. Deje crecer en un lugar cálido y sin corrientes de aire hasta que se duplique, aproximadamente 1 1/2 horas.

4. Engrase un molde para hornear de 13 × 9 × 2 pulgadas. Raspe la masa en la sartén, extendiéndola uniformemente. Cubra con una envoltura de plástico y deje crecer 1 hora o hasta que doble su volumen.

5. Coloque la rejilla del horno en el centro del horno. Precaliente el horno a 450°F.

6. Con las yemas de los dedos, presione firmemente hacia abajo en la masa para hacer hoyuelos de aproximadamente 1 pulgada de distancia y 1/2 pulgada de profundidad. Rocíe la superficie con las 2 cucharadas restantes de aceite de oliva y esparza las rodajas de cebolla encima. Espolvorear con sal gruesa. Hornee hasta que estén crujientes y doradas, alrededor de 25 a 30 minutos.

7. Deslice la focaccia sobre una rejilla para que se enfríe. Cortar en cuadrados. Servir tibio o a temperatura ambiente. Almacenar a temperatura ambiente envuelto en papel de aluminio hasta 24 horas.

Pan plano de vino blanco

Focaccia al Vino

Rinde de 8 a 10 porciones

El vino blanco le da a esta focaccia al estilo de Génova un sabor único. Por lo general, se cubre con cristales de sal marina gruesa, pero puede sustituirlo por salvia fresca o romero si lo prefiere. En Génova, se come en todas las comidas, incluido el desayuno, y los escolares recogen una rebanada en la panadería para comerla como merienda a media mañana. La masa para esta focaccia es muy húmeda y pegajosa, por lo que es mejor prepararla en una batidora o procesador de alimentos de alta resistencia.

Esta focaccia está hecha con un iniciador: una combinación de levadura, harina y agua que le da a muchos panes un sabor extra y una buena textura. El entrante se puede preparar desde 1 hora o hasta 24 horas antes de hacer el pan, así que planifique en consecuencia.

1 sobre (2 1/2 cucharaditas) de levadura seca activa o 2 cucharaditas de levadura instantánea

1 taza de agua tibia (100° a 110°F)

Alrededor de 4 tazas de harina para todo uso sin blanquear

2 cucharaditas de sal

½ taza de vino blanco seco

¼ taza de aceite de oliva

Adición

3 cucharadas de aceite de oliva virgen extra

1 cucharadita de sal marina gruesa

1. Para hacer el entrante, espolvorea la levadura sobre el agua. Deje reposar hasta que la levadura esté cremosa, aproximadamente 2 minutos. Revuelva hasta que la levadura se disuelva. Batir en 1 taza de la harina hasta que quede suave. Cubra con una envoltura de plástico y deje a temperatura ambiente durante aproximadamente 1 hora o hasta 24 horas. (Si hace calor, coloque el iniciador en el refrigerador. Retírelo aproximadamente 1 hora antes de hacer la masa).

2. En una batidora o procesador de alimentos de alta resistencia, combine 3 tazas de harina y la sal. Añadir el entrante, el vino y el aceite. Revuelva la masa hasta que quede suave y elástica,

alrededor de 3 a 5 minutos. Quedará muy pegajoso, pero no agregues más harina.

3. Aceite el interior de un tazón grande. Agrega la masa. Cubra con una envoltura de plástico y deje crecer en un lugar cálido y sin corrientes de aire hasta que duplique su volumen, aproximadamente 1 1/2 horas.

4. Engrase una bandeja para hornear grande o un molde para rollos de gelatina de 15 × 10 × 1 pulgada. Aplanar la masa. Colóquelo en la sartén, dándole palmaditas y estirándolo con las manos para que encaje. Cubra con una envoltura de plástico y deje crecer hasta que se duplique, aproximadamente 1 hora.

5. Coloque la rejilla en el centro del horno. Precaliente el horno a 425°F. Presione la masa firmemente con las yemas de los dedos para hacer hoyuelos de aproximadamente 1 pulgada de distancia en toda la superficie. Rocíe con las 3 cucharadas de aceite. Espolvorear con sal marina. Hornee de 25 a 30 minutos o hasta que estén crujientes y doradas.

6. Deslice la focaccia sobre una rejilla para que se enfríe un poco. Cortar en cuadrados o rectángulos y servir tibio.

Pan plano de tomates secados al sol

Focaccia de Pomodori Secchi

Rinde de 8 a 10 porciones

Los tomates húmedos, marinados y secados al sol son los que se usan para esta focaccia de forma libre. Si solo tiene los tomates secos que no están reconstituidos, simplemente sumérjalos en agua tibia durante unos minutos hasta que se hinchen.

1 cucharadita de levadura seca activa

1 taza de agua tibia (100° a 110°F)

Alrededor de 3 tazas de harina para todo uso sin blanquear

1 cucharadita de sal

4 cucharadas de aceite de oliva virgen extra

8 a 10 piezas de tomates secados al sol marinados, escurridos y cortados en cuartos

Una pizca de orégano seco, desmenuzado

1. Espolvorear la levadura sobre el agua. Deje reposar hasta que la levadura esté cremosa, aproximadamente 2 minutos. Revuelva hasta que la levadura se disuelva. Añadir 2 cucharadas de aceite.

2. En un tazón grande, mezcle la harina y la sal. Agregue la mezcla de levadura y revuelva con una cuchara de madera hasta que se forme una masa suave.

3. Volcamos la masa sobre una superficie ligeramente enharinada. Amasar hasta que quede suave y elástica, aproximadamente 10 minutos, agregando más harina según sea necesario para hacer una masa húmeda y ligeramente pegajosa. (O haga la masa en una batidora de alta resistencia, procesador de alimentos o panificadora siguiendo las instrucciones del fabricante). Forme una bola con la masa.

4. Aceite el interior de un tazón grande. Agregue la masa, volteando una vez para engrasar la parte superior. Cubra con una envoltura de plástico y deje crecer en un lugar cálido y sin corrientes de aire hasta que duplique su volumen, aproximadamente 1 1/2 horas.

5. Engrase una bandeja para hornear grande o un molde para pizza redondo de 12 pulgadas. Coloque la masa en la sartén. Aceita tus manos y aplana la masa en un círculo de 12 pulgadas. Cubra con

una envoltura de plástico y deje crecer hasta que se duplique, aproximadamente 45 minutos.

6. Coloque la rejilla del horno en el centro del horno. Precaliente el horno a 450°F. Con las yemas de los dedos, haga hoyuelos en la masa con una separación de aproximadamente 1 pulgada. Presiona un poco de tomate en cada hoyuelo. Rocíe con las 2 cucharadas restantes de aceite de oliva, untándolo con los dedos. Espolvorear con el orégano. Hornea 25 minutos o hasta que estén doradas.

7. Deslice la focaccia sobre una tabla de cortar y córtela en cuadrados. Servir tibio.

Pan plano de patata romana

Pizza de patata

Rinde de 8 a 10 porciones

Mientras que los romanos comen mucha pizza con los ingredientes típicos, su primer amor es la pizza bianca, "pizza blanca", un pan plano largo y rectangular similar a la focaccia al estilo de Génova, solo que más crujiente y con más bultos. La pizza blanca generalmente se cubre solo con sal y aceite de oliva, aunque esta variación con papas crujientes en rodajas finas también es popular.

1 sobre (2 1/2 cucharaditas) de levadura seca activa o 2 cucharaditas de levadura instantánea

1 taza de agua tibia (100° a 110°F)

Alrededor de 3 tazas de harina para todo uso sin blanquear

1 cucharadita de sal y más para las papas

6 cucharadas de aceite de oliva

1 libra de papas amarillas, como Yukon gold, peladas y en rodajas muy finas

Pimienta negra recién molida

1. Espolvorear la levadura sobre el agua. Deje reposar hasta que la levadura esté cremosa, aproximadamente 2 minutos. Revuelva hasta que la levadura se disuelva.

2. En un tazón grande, combine 3 tazas de harina y 1 cucharadita de sal. Agregue la mezcla de levadura y 2 cucharadas de aceite. Con una cuchara de madera, revuelve hasta que se forme una masa suave. Voltee la masa sobre una superficie ligeramente enharinada y amase hasta que esté suave y elástica, aproximadamente 10 minutos, agregando más harina según sea necesario para hacer una masa húmeda pero no pegajosa. (O haga la masa en una batidora de alta resistencia, un procesador de alimentos o una máquina para hacer pan siguiendo las instrucciones del fabricante).

3. Aceite el interior de un tazón grande. Agregue la masa y gírela una vez para engrasar la parte superior. Cubra con una envoltura de plástico. Deje crecer en un lugar tibio y sin corrientes de aire hasta que doble su volumen, alrededor de 1 1/2 horas.

4. Aceitar un molde de 15 × 10 × 1 pulgada. Aplane suavemente la masa y colóquela en la sartén. Estirar y estirar la masa para que quepa en el molde. Cubra con una envoltura de plástico y deje crecer hasta que se duplique, aproximadamente 45 minutos.

5.Coloque la rejilla en el centro del horno. Precaliente el horno a 425°F. En un tazón, mezcle las papas con las 4 cucharadas restantes de aceite de oliva y sal y pimienta al gusto. Coloque las rebanadas sobre la masa, superponiéndolas ligeramente.

6.Hornear 30 minutos. Suba el fuego a 450°F. Hornea 10 minutos más o hasta que las papas estén tiernas y doradas. Deslice la pizza sobre una tabla y córtela en cuadrados. Servir caliente.

Panes a la Plancha de Emilia-Romaña

piadina

Hace 8 panes

Piadina es un pan plano redondo horneado en una plancha o piedra que es popular en Emilia-Romaña. En las ciudades costeras a lo largo de la costa del Adriático, durante el verano, aparecen coloridos puestos de lona a rayas en las esquinas de las calles. Alrededor de la hora del almuerzo, los puestos abren para los negocios y los operadores vestidos con uniformes enrollan y hornean piadine a pedido en planchas planas. Aproximadamente nueve pulgadas de diámetro, las piadinas calientes se doblan por la mitad, luego se rellenan con queso, prosciutto en rodajas, salami o verduras salteadas (comoEscarola con Ajo), y se comen como sándwiches.

Aunque la piadina generalmente se hace con manteca de cerdo, sustituyo el aceite de oliva, ya que la manteca de cerdo fresca no siempre está disponible. Para un antipasto o merienda, corte la piadina en gajos.

3 1/2 tazas de harina para todo uso sin blanquear

1 cucharadita de sal

1 cucharadita de polvo de hornear

1 taza de agua tibia

¼ taza de manteca de cerdo fresca, derretida y enfriada, o aceite de oliva

Verduras cocidas, carnes en rodajas o quesos

1. En un tazón grande, mezcle la harina, la sal y el polvo de hornear. Añadir el agua y la manteca o el aceite. Con una cuchara de madera, revuelve hasta que se forme una masa suave. Raspe la masa sobre una superficie ligeramente enharinada y amase la masa brevemente hasta que esté suave. Forma la masa en una bola. Cubra con un recipiente invertido y deje reposar de 30 minutos a 1 hora.

2. Cortar la masa en 8 piezas iguales. Dejando las piezas restantes cubiertas, extienda una pieza de la masa en un círculo de 8 pulgadas. Repita con la masa restante, apilando los círculos con un trozo de papel encerado entre cada uno.

3. Precalienta el horno a 250°F. A fuego medio, caliente una sartén grande antiadherente o una plancha para panqueques hasta que esté muy caliente y una gota de agua chisporrotee y desaparezca rápidamente cuando toque la superficie. Coloque un círculo de masa en la superficie y cocine de 30 a 60 segundos, o hasta que

la piadina comience a endurecerse y se dore. Voltea la masa y cocina de 30 a 60 segundos más, o hasta que esté bien dorada por el otro lado.

4. Envuelva la piadina en papel de aluminio y manténgala caliente en el horno mientras cocina los círculos de masa restantes de la misma manera.

5. Para servir, coloque verduras o rebanadas de prosciutto, salami o queso a un lado de una piadina. Dobla la piadina sobre el relleno y cómelo como un bocadillo.

palitos de pan

Grissini

Rinde alrededor de 6 docenas de palitos de pan.

Una máquina de pasta equipada con el cortador de fettuccine también puede hacer palitos de pan largos y delgados llamados grissini. (También proporciono instrucciones si desea o necesita cortar la masa de palitos de pan a mano). Varíe el sabor agregando pimienta negra molida o hierbas secas como romero picado, tomillo u orégano a la masa.

1 sobre (2½ cucharaditas) de levadura seca activa o 2 cucharaditas de levadura instantánea

1 taza de agua tibia (100° a 110°F)

2 cucharadas de aceite de oliva virgen extra

Alrededor de 2½ tazas de harina para todo uso sin blanquear o harina para pan

1 cucharadita de sal

2 cucharadas de harina de maíz amarillo

1. En un tazón grande, espolvorea la levadura sobre el agua. Deje reposar hasta que la levadura esté cremosa, aproximadamente 2 minutos. Revuelva hasta que la levadura se disuelva.

2. Agregue el aceite de oliva. Agregue 2 1/2 tazas de harina y la sal. Revuelva hasta que se forme una masa suave.

3. En una superficie ligeramente enharinada, amase la masa hasta que esté firme y elástica, aproximadamente 10 minutos, agregando harina adicional según sea necesario para hacer una masa no pegajosa. (O haga la masa en una batidora de alta resistencia, un procesador de alimentos o una máquina para hacer pan siguiendo las instrucciones del fabricante).

4. Aceite el interior de un tazón grande. Coloque la masa en el recipiente, girándola una vez para engrasar la parte superior. Cubra con una envoltura de plástico y deje crecer en un lugar cálido y sin corrientes de aire hasta que duplique su volumen, aproximadamente 1 1/2 horas.

5. Coloque dos rejillas en el centro del horno. Precaliente el horno a 350°F. Espolvorea dos bandejas para hornear grandes con harina de maíz.

6. Amasar la masa brevemente para eliminar las burbujas de aire. Divide la masa en 6 piezas. Aplane una pieza de masa en un

óvalo de 5 × 4 × 1/4 pulgadas. Espolvoréelo con harina adicional para que no quede pegajoso. Mantenga la masa restante cubierta.

7. Inserte un extremo corto de la masa en el cortador de fettuccine en una máquina para hacer pasta y corte la masa en tiras de 1/4 de pulgada. Para cortar la masa a mano, aplanarla con un rodillo sobre una tabla de cortar. Cortar en tiras de 1/4 de pulgada con un cuchillo grande y pesado sumergido en harina.

8. Coloque las tiras con una separación de 1/2 pulgada en una de las bandejas para hornear preparadas. Repita con la masa restante. Hornee de 20 a 25 minutos o hasta que estén ligeramente doradas, girando las bandejas hasta la mitad.

9. Enfriar en moldes sobre rejillas de alambre. Conservar en un recipiente hermético hasta 1 mes.

Anillos de hinojo

Taralli al Finocchio

Hace 3 docenas de anillos.

Los taralli son palitos de pan crujientes en forma de anillo. Se pueden aromatizar simplemente con aceite de oliva o con pimiento rojo triturado, pimienta negra, orégano u otras hierbas, y son populares en todo el sur de Italia. También hay taralli dulces, que son buenos para mojar en vino o con café. Los taralli pueden ser tan pequeños como una moneda de cinco centavos o varias pulgadas, pero siempre son duros y crujientes. Me gusta servirlos con vino y queso.

1 sobre (2½ cucharadas) de levadura seca activa o 2 cucharaditas de levadura instantánea

¼ taza de agua tibia (100° a 110°F)

1 taza de harina para todo uso sin blanquear

1 taza de harina de sémola

1 cucharada de semillas de hinojo

1 cucharadita de sal

⅓ taza de vino blanco seco

¼ taza de aceite de oliva

1. En una taza medidora, espolvorea la levadura sobre el agua. Deje reposar hasta que la levadura esté cremosa, aproximadamente 2 minutos. Revuelva hasta que la levadura se disuelva.

2. En un tazón grande, mezcle las dos harinas, el hinojo y la sal. Agregue la mezcla de levadura, el vino y el aceite. Revuelva hasta que se forme una masa suave, aproximadamente 2 minutos. Raspe la masa sobre una superficie ligeramente enharinada y amase hasta que quede suave y elástica, aproximadamente 10 minutos. Forma la masa en una bola.

3. Aceite el interior de un tazón grande. Coloque la masa en el recipiente, girándola una vez para engrasar la parte superior. Cubra y deje crecer en un lugar cálido y sin corrientes de aire hasta que doble su volumen, aproximadamente 1 hora.

4. Divida la masa en tercios, luego cada tercio por la mitad para hacer 6 piezas iguales. Manteniendo el resto cubierto con un tazón volcado, corte una pieza en 6 piezas iguales. Estire las piezas en longitudes de 4 pulgadas. Forme cada uno en un anillo, pellizcando los extremos para sellarlos. Repita con la masa restante.

5. Coloque varios paños de cocina sin pelusa. Llene una sartén grande hasta la mitad con agua. Llevar el agua a ebullición. Agregue los anillos de masa unos pocos a la vez. (No los amontone.) Hierva 1 minuto o hasta que los anillos suban a la superficie. Retire los anillos con una espumadera y colóquelos sobre las toallas de cocina para que se escurran. Repita con la masa restante.

6. Coloque dos rejillas en el centro del horno. Precaliente el horno a 350°F. Coloque los anillos de masa a una pulgada de distancia en 2 bandejas para hornear grandes sin engrasar. Hornee hasta que estén doradas, unos 45 minutos, girando los moldes a la mitad. Apaga el horno y abre ligeramente la puerta. Deje que los anillos se enfríen en el horno durante 10 minutos.

7. Transfiera los anillos a rejillas de alambre para que se enfríen. Conservar en un recipiente hermético hasta 1 mes.

Aros De Almendra Y Pimienta Negra

Taralli con le Mandorle

Hace 32 anillos

Siempre que voy a Nápoles, una de mis primeras paradas es la panadería para comprar una bolsa grande de estos aros de pan crujiente. Son más sabrosos que los pretzels u otros bocadillos y son perfectos para comer antes o con las comidas. Las napolitanas las hacen con manteca de cerdo, lo que les da un sabor maravilloso y una textura que se deshace en la boca, pero también son excelentes hechas con aceite de oliva. Estos se conservan bien y es agradable tenerlos a mano como compañía.

1 sobre (2 1/2 cucharadas) de levadura seca activa o 2 cucharaditas de levadura instantánea

1 taza de agua tibia (100° a 110°F)

1/2 taza de manteca de cerdo, derretida y enfriada, o aceite de oliva

3 1/2 tazas de harina para todo uso sin blanquear

2 cucharaditas de sal

2 cucharaditas de pimienta negra recién molida

1 taza de almendras, finamente picadas

1. Espolvorear la levadura sobre el agua. Deje reposar hasta que la levadura esté cremosa, aproximadamente 2 minutos. Revuelva hasta que la levadura se disuelva.

2. En un tazón grande, combine la harina, la sal y la pimienta. Agregue la mezcla de levadura y la manteca de cerdo. Revuelva hasta que se forme una masa suave. Voltee la masa sobre una superficie ligeramente enharinada y amase hasta que quede suave y elástica, aproximadamente 10 minutos. Amasar las almendras.

3. Forma la masa en una bola. Cubra la masa con un tazón volcado y deje crecer en un lugar cálido hasta que se duplique, aproximadamente 1 hora.

4. Coloque 2 parrillas en el centro del horno. Precaliente el horno a 350°F. Presione la masa hacia abajo para eliminar las burbujas de aire. Corte la masa por la mitad, luego corte cada mitad por la mitad nuevamente, luego cada cuarto por la mitad para hacer 8 piezas iguales. Manteniendo la masa restante cubierta, divida 1 pieza en 4 piezas iguales. Enrolle cada pieza en una cuerda de 6 pulgadas. Gira cada cuerda 3 veces, luego dale forma de anillo, pellizcando los extremos para sellar. Coloque los anillos a 1

pulgada de distancia en dos bandejas para hornear sin engrasar. Repita con la masa restante.

5. Hornee los aros durante 1 hora o hasta que estén dorados y crujientes, girando las bandejas aproximadamente a la mitad. Apague el fuego y deje que los anillos se enfríen y se sequen en el horno durante 1 hora.

6. Retire del horno y transfiera a rejillas para enfriar completamente. Conservar en un recipiente hermético hasta 1 mes.

Pizza casera

Pizza de Casa

Rinde de 6 a 8 porciones

Si visitas una casa en el sur de Italia, este es el tipo de pizza que te servirán. Es bastante diferente del pastel redondo tipo pizzería.

Una pizza hecha en casa tiene aproximadamente 3⁄4 de pulgada de grosor cuando se hornea en una sartén grande. Debido a que la sartén está engrasada, el fondo se pone crujiente. Se hornea con solo una pizca de queso rallado en lugar de mozzarella, que se volvería demasiado masticable si la pizza se sirviera a temperatura ambiente, como sucede a menudo. Este tipo de pizza resistirá bien el recalentamiento.

Prueba este pastel con una salsa de salchicha o champiñones y agrega mozzarella u otro queso derretido si planeas comerlo tan pronto como esté horneado.

Masa

1 sobre (21⁄2 cucharadas) de levadura seca activa o 2 cucharaditas de levadura instantánea

11/4 tazas de agua tibia (100° a 110°F)

Alrededor de 31/2 tazas de harina para todo uso sin blanquear

2 cucharaditas de sal

2 cucharadas de aceite de oliva

Adición

1 receta (alrededor de 3 tazas)Salsa Pizzaiola

1/2 taza de Pecorino Romano recién rallado

Aceite de oliva

1. Preparar la masa: Espolvorear la levadura sobre el agua. Deje reposar hasta que la levadura esté cremosa, aproximadamente 2 minutos. Revuelva hasta que la levadura se disuelva.

2. En un tazón grande, combine 31/2 tazas de harina y la sal. Agregue la mezcla de levadura y el aceite de oliva. Revuelva con una cuchara de madera hasta que se forme una masa suave. Voltee la masa sobre una superficie ligeramente enharinada y amase hasta que esté suave y elástica, agregando más harina si es necesario para hacer una masa húmeda pero no pegajosa, aproximadamente 10 minutos. (O haga la masa en una batidora

de alta resistencia, procesador de alimentos o panificadora siguiendo las instrucciones del fabricante).

3. Cubra ligeramente un tazón grande con aceite. Coloque la masa en el recipiente, girándola una vez para engrasar la parte superior. Cubra con una envoltura de plástico. Colóquelo en un lugar cálido y sin corrientes de aire y déjelo crecer hasta que se duplique, aproximadamente 1 1/2 horas.

4. Coloque una rejilla en el centro del horno. Aceitar un molde para gelatina de 15 × 10 × 1 pulgada. Aplane suavemente la masa. Coloque la masa en el centro de la sartén y estírela y déle palmaditas para que encaje. Cúbralo con una envoltura de plástico y déjelo crecer unos 45 minutos, o hasta que esté hinchado y casi duplique su volumen.

5. Mientras la masa sube en la sartén, prepare la salsa. Precaliente el horno a 450°F. Con las yemas de los dedos, presione firmemente la masa para hacer hoyuelos en intervalos de 1 pulgada por toda la superficie. Extienda la salsa sobre la masa, dejando un borde de 1/2 pulgada alrededor. Hornear 20 minutos.

6. Espolvorear con el queso. Rocíe con aceite. Regrese la pizza al horno y hornee por 5 minutos, o hasta que el queso se derrita y

la masa se dore. Cortar en cuadrados y servir caliente o a temperatura ambiente.

Masa de pizza al estilo napolitano

Hace suficiente para cuatro pizzas de 9 pulgadas

En Nápoles, donde hacer pizza es una forma de arte, la masa ideal para pizza es masticable y ligeramente crujiente, lo suficientemente flexible como para que se pueda doblar sin que la masa se agriete. Las pizzas napolitanas no son ni gruesas y pastosas ni delgadas y crujientes.

Para lograr el equilibrio adecuado con el tipo de harina disponible en los Estados Unidos, se necesita una combinación de harina blanda para tortas con bajo contenido de gluten y harina para todo uso más dura y con alto contenido de gluten. Para una corteza más crujiente, aumente la cantidad de harina para todo uso y disminuya proporcionalmente la cantidad de harina para pasteles. La harina de pan, que tiene un alto contenido de gluten, haría que la masa de la pizza fuera demasiado dura.

La masa de pizza se puede mezclar y amasar en una batidora eléctrica de alta resistencia o en un procesador de alimentos o incluso en una máquina para hacer pan. Para una verdadera textura de pizzería, hornee los pasteles directamente sobre una piedra para hornear o sobre baldosas de cantera sin esmaltar, disponibles en las tiendas de utensilios de cocina.

Esta receta rinde suficiente para cuatro pizzas. En Nápoles, todos obtienen su propia pizza, pero debido a que es difícil hornear más de un pastel a la vez en un horno casero, corto cada pastel en gajos para servir.

1 cucharadita de levadura seca activa o levadura instantánea

1 taza de agua tibia (100 a 110 °F)

1 taza de harina de pastel simple (no leudante)

Alrededor de 3 tazas de harina para todo uso sin blanquear

2 cucharaditas de sal

1. Espolvorear la levadura sobre el agua. Deje reposar hasta que la levadura esté cremosa, aproximadamente 2 minutos. Revuelva hasta que la levadura se disuelva.

2. En un tazón grande, combine las dos harinas y la sal. Agregue la mezcla de levadura y revuelva hasta que se forme una masa suave. Voltee la masa sobre una superficie ligeramente enharinada y amase hasta que esté suave y elástica, agregando más harina según sea necesario para hacer una masa húmeda pero no pegajosa, aproximadamente 10 minutos. (O haga la masa en una batidora de alta resistencia, un procesador de

alimentos o una máquina para hacer pan siguiendo las instrucciones del fabricante).

3. Forma la masa en una bola. Colócala sobre una superficie enharinada y cúbrela con un bol volcado. Deje leudar alrededor de 1 1/2 horas a temperatura ambiente o hasta que se duplique.

4. Destape la masa y presione para sacar las burbujas de aire. Corta la masa por la mitad o en cuartos, dependiendo del tamaño de las pizzas que vayas a hacer. Forma cada pieza en una bola. Coloque las bolas a varias pulgadas de distancia sobre una superficie enharinada y cubra con una toalla o una envoltura de plástico. Deje crecer 1 hora o hasta que se duplique.

5. Espolvorea ligeramente la superficie de trabajo con harina. Golpee y estire una pieza de masa en un círculo de 9 a 12 pulgadas, aproximadamente 1/4 de pulgada de grosor. Deja el borde de la masa un poco más grueso.

6. Espolvoree generosamente con harina una pala para pizza o una bandeja para hornear sin bordes. Coloque con cuidado el círculo de masa sobre la cáscara. Agite la cáscara para asegurarse de que la masa no se pegue. Si es así, levante la masa y agregue más harina a la cáscara. La masa está lista para cubrirse y hornearse según su receta.

Pizza de mozzarella, tomate y albahaca

pizza margarita

Hace cuatro pizzas de 9 pulgadas o dos pizzas de 12 pulgadas

Los napolitanos llaman a esta pizza clásica, hecha con mozzarella, salsa de tomate natural y albahaca, pizza Margherita en honor a una hermosa reina que disfrutó de la pizza en el siglo XIX.

1 recetaMasa de pizza napolitana, preparado a través del paso 6

2½ tazasSalsa marinara, a temperatura ambiente

12 onzas de mozzarella fresca, en rodajas finas

Parmigiano-Reggiano recién rallado, opcional

Aceite de oliva virgen extra

8 hojas de albahaca fresca

1. Prepara la masa y la salsa, si es necesario. Luego, de 30 a 60 minutos antes de hornear, coloque una piedra para pizza o baldosas de cantera sin esmaltar o una bandeja para hornear en una rejilla en el nivel más bajo del horno. Encienda el horno al máximo: 500° o 550°F.

2. Extienda la masa con una capa delgada de la salsa, dejando un borde de 1/2 pulgada alrededor. Coloque la mozzarella encima y espolvoree con el queso rallado, si lo usa.

3. Abra el horno y deslice suavemente la masa fuera de la cáscara inclinándola ligeramente hacia la parte posterior de la piedra y sacudiéndola suavemente hacia adelante y luego hacia atrás. Hornee la pizza de 6 a 7 minutos o hasta que la masa esté crujiente y dorada.

4. Transfiera a una tabla de cortar y rocíe con un poco de aceite de oliva virgen extra. Corta 2 hojas de albahaca en trozos y espárcelas sobre la pizza. Cortar en gajos y servir inmediatamente. Haga más pizzas de la misma manera con los ingredientes restantes.

Variación: Cubra la pizza horneada con rúcula fresca picada y jamón en rodajas.

Pizza de tomate, ajo y orégano

pizza marinera

Hace cuatro pizzas de 9 pulgadas o dos de 12 pulgadas

Aunque se consumen muchos tipos diferentes de pizza en Nápoles, la asociación oficial de pizzeros napolitanos sanciona solo dos tipos de pizza como auténtica, es decir, la auténtica.Pizza de mozzarella, tomate y albahaca, llamada así por una querida reina, es una, y la otra es pizza marinara, que a pesar de su nombre (marinara que significa "del marinero") se hace sin mariscos. Sin embargo, si pides este tipo de pizza en Roma en lugar de Nápoles, es probable que tenga anchoas.

Masa de pizza al estilo napolitano, preparado a través del paso 6

2 1/2 tazasSalsa marinara, a temperatura ambiente

1 lata de anchoas escurridas (opcional)

orégano seco, desmenuzado

3 dientes de ajo, en rodajas finas

Aceite de oliva virgen extra

1. Prepara la masa y la salsa, si es necesario. Luego, de 30 a 60 minutos antes de hornear, coloque una piedra para pizza, baldosas de cantera sin esmaltar o una bandeja para hornear en una rejilla en el nivel más bajo del horno. Encienda el horno al máximo: 500° o 550°F.

2. Extienda la masa con una capa delgada de la salsa, dejando un borde de 1/2 pulgada alrededor. Disponer las anchoas encima. Espolvorear con el orégano y esparcir el ajo por encima.

3. Abra el horno y deslice suavemente la masa fuera de la cáscara inclinándola hacia la parte posterior de la piedra y sacudiéndola suavemente hacia adelante y luego hacia atrás. Hornee la pizza de 6 a 7 minutos o hasta que la masa esté crujiente y dorada.

4. Transfiera a una tabla de cortar y rocíe con un poco de aceite de oliva virgen extra. Cortar en gajos y servir inmediatamente. Haz más pizzas con los ingredientes restantes.

Antes de hornear, cubra esta pizza con pepperoni en rodajas finas y pimientos picantes en escabeche escurridos.

Pizza con Champiñones Silvestres

Pizza a la Boscaiola

Rinde cuatro pizzas de 9 pulgadas

En Piamonte, unos amigos enólogos nos llevaron a mi esposo ya mí a una pizzería abierta por un hombre de Nápoles. Nos preparó una pizza cubierta con dos ingredientes locales, Fontina Valle d'Aosta, un queso de leche de vaca aterciopelado y champiñones porcini frescos. El queso se derritió maravillosamente y complementó el sabor amaderado de los champiñones. Aunque los porcini frescos son difíciles de conseguir en los Estados Unidos, esta pizza aún se prepara bien con otros tipos de champiñones.

Masa de pizza al estilo napolitano, preparado a través del paso 6

3 cucharadas de aceite de oliva virgen extra

1 diente de ajo, en rodajas finas

1 libra de champiñones surtidos, como champiñones blancos, shiitake y ostra (o use solo champiñones blancos), cortados y rebanados

1/2 cucharadita de tomillo fresco picado o una pizca de tomillo seco, desmenuzado

Sal y pimienta negra recién molida

2 cucharadas de perejil de hoja plana fresco picado

8 onzas de Fontina Valle d'Aosta, Asiago o mozzarella, en rodajas finas

1. Prepara la masa, si es necesario. Luego, de 30 a 60 minutos antes de hornear, coloque una piedra para pizza, baldosas de cantera sin esmaltar o una bandeja para hornear en una rejilla en el nivel más bajo del horno. Encienda el horno al máximo: 500° o 550°F.

2. En una sartén grande, caliente el aceite con el ajo a fuego medio. Agregue los champiñones, el tomillo y sal y pimienta al gusto y cocine, revolviendo con frecuencia, hasta que los jugos de los champiñones se evaporen y los champiñones estén dorados, aproximadamente 15 minutos. Agregue el perejil y retire del fuego.

3. Extienda las rebanadas de queso sobre la masa, dejando un borde de 1 pulgada alrededor. Cubra con los champiñones.

4. Abra el horno y deslice suavemente la masa fuera de la cáscara inclinándola hacia la piedra y agitándola suavemente hacia adelante y luego hacia atrás. Hornee la pizza de 6 a 7 minutos o hasta que la masa esté crujiente y dorada. Rocíe con un poco de aceite de oliva virgen extra.

5. Transfiera a una tabla de cortar y rocíe con un poco de aceite de oliva virgen extra. Cortar en gajos y servir inmediatamente. Haz más pizzas con los ingredientes restantes.

Calzoni

Rinde 4 calzoncillos

En las calles de Spaccanapoli, la parte antigua de Nápoles, es posible que tengas la suerte de encontrarte con un vendedor ambulante que hace calzoni. La palabra significa "calcetín grande", una descripción adecuada de este pastel relleno. Un calzone se hace con un círculo de masa de pizza doblado como si fuera un pastel alrededor del relleno. Los vendedores ambulantes las fríen en grandes ollas de aceite hirviendo colocadas sobre estufas portátiles. En las pizzerías, los calzoni se suelen hornear.

1 sobre (2 1/2 cucharaditas) de levadura seca activa o 2 cucharaditas de levadura instantánea

1 1/3 tazas de agua tibia (100° a 110°F)

Alrededor de 3 1/2 tazas de harina para todo uso sin blanquear

2 cucharaditas de sal

2 cucharadas de aceite de oliva, y más para cepillar las tapas

Relleno

1 libra de ricota de leche entera o parcialmente descremada

8 onzas de mozzarella fresca, picada

4 onzas de prosciutto, salami o jamón picado

1/2 taza de Parmigiano-Reggiano recién rallado

1. En un tazón grande, espolvorea la levadura sobre el agua. Deje reposar hasta que la levadura esté cremosa, aproximadamente 2 minutos. Revuelva hasta que la levadura se disuelva.

2. Agregue 3 1/2 tazas de harina, la sal y las 2 cucharadas de aceite de oliva. Revuelva con una cuchara de madera hasta que se forme una masa suave. Voltee la masa sobre una superficie ligeramente enharinada y amase, agregando más harina si es necesario, hasta que quede suave y elástica, aproximadamente 10 minutos.

3. Cubra ligeramente un tazón grande con aceite. Coloque la masa en el recipiente, girándola para engrasar la parte superior. Cubra con una envoltura de plástico. Colóquelo en un lugar cálido y sin corrientes de aire y déjelo crecer hasta que doble su volumen, alrededor de 1 1/2 horas.

4. Aplanar la masa con el puño. Cortar la masa en 4 piezas. Forma cada pieza en una bola. Coloque las bolas a varias pulgadas de distancia sobre una superficie ligeramente enharinada. Cubra

sin apretar con una envoltura de plástico y deje crecer hasta que doble su volumen, aproximadamente 1 hora.

5. Mientras tanto, mezcle los ingredientes del relleno hasta que estén bien mezclados.

6. Coloque dos rejillas en el centro del horno. Precaliente el horno a 425°F. Aceite 2 bandejas para hornear grandes.

7. En una superficie ligeramente enharinada con un rodillo, extienda una pieza de masa en un círculo de 9 pulgadas. Coloque una cuarta parte del relleno en la mitad del círculo, dejando un borde de 1/2 pulgada para sellar. Dobla la masa para encerrar el relleno, presionando el aire. Pellizque los bordes firmemente para sellarlos. Luego dobla el borde y vuelve a sellar. Coloque el calzone en una de las bandejas para hornear. Repita con la masa restante y el relleno, colocando los calzoni a varias pulgadas de distancia.

8. Haga un pequeño corte en la parte superior de cada calzone para permitir que escape el vapor. Cepille la parte superior con aceite de oliva.

9. Hornee de 35 a 40 minutos o hasta que estén crujientes y doradas, girando las bandejas aproximadamente a la mitad. Deslice sobre una rejilla para enfriar 5 minutos. Servir caliente.

Variación: Rellene los calzoni con una combinación de ricotta, queso de cabra, ajo y albahaca, o sírvalos cubiertos con salsa de tomate.

Buñuelos De Anchoa

Crispeddi di Alici

hace 12

Estos pequeños rollos rellenos de anchoas son los favoritos en todo el sur de Italia. Crispeddi es un nombre calabrés; Los sicilianos los llaman fanfarichi o simplemente pasta fritta, "masa frita". La familia siciliana de mi esposo siempre los comía en la víspera de Año Nuevo, mientras que otras familias los disfrutan durante la Cuaresma.

1 sobre (2 1/2 cucharaditas) de levadura seca activa o 2 cucharaditas de levadura instantánea

1 1/3 tazas de agua tibia (100° a 110°F)

Alrededor de 3 1/2 tazas de harina para todo uso sin blanquear

2 cucharaditas de sal

1 lata (2 onzas) de filetes de anchoa planos, escurridos y secos

Aproximadamente 4 onzas de queso mozzarella, cortado en tiras de 1/2 pulgada de grosor

Aceite vegetal para freír

1. Espolvorear la levadura sobre el agua. Deje reposar hasta que la levadura esté cremosa, aproximadamente 2 minutos. Revuelva hasta que la levadura se disuelva.

2. En un tazón grande, combine 3 1/2 tazas de harina y la sal. Agregue la mezcla de levadura y revuelva hasta que se forme una masa suave. Voltee la masa sobre una superficie ligeramente enharinada y amase, agregando más harina si es necesario, hasta que quede suave y elástica, aproximadamente 10 minutos.

3. Aceitar un bol grande. Coloque la masa en el recipiente, girándola una vez para engrasar la parte superior. Cubra con una envoltura de plástico. Colóquelo en un lugar cálido y sin corrientes de aire y déjelo crecer hasta que duplique su volumen, aproximadamente 1 hora.

4. Aplane la masa para eliminar las burbujas de aire. Cortar la masa en 12 piezas. Coloque 1 pieza sobre una superficie ligeramente enharinada, manteniendo las piezas restantes cubiertas.

5. Estire la masa en un círculo de aproximadamente 5 pulgadas de diámetro. Coloque un trozo de anchoa y un trozo de mozzarella en el centro del círculo. Levante los bordes de la masa y presiónelos alrededor del relleno, formando una punta como un bolso. Aplanar la punta, presionando el aire. Pellizque la costura

para sellarla herméticamente. Repita con los ingredientes restantes.

6. Cubra una bandeja con toallas de papel. Vierta suficiente aceite para alcanzar 1/2 pulgada de profundidad en una sartén grande y pesada. Caliente el aceite a fuego medio. Agregue algunos rollos a la vez, colocándolos con la costura hacia abajo. Freír los rollos, aplanándolos con el dorso de una espátula, hasta que estén dorados, aproximadamente 2 minutos por cada lado. Escurrir sobre las toallas de papel. Espolvorear con sal.

7. Freír los rollos restantes de la misma manera. Deje que se enfríe un poco antes de servir.

Nota: *Tenga cuidado cuando los muerda; el interior permanece muy caliente mientras que el exterior se enfría.*

www.ingramcontent.com/pod-product-compliance
Lightning Source LLC
Chambersburg PA
CBHW071426080526
44587CB00014B/1756